조경규 글·그림 방현선 사진

오늘도 냠냠냠

1

서울의 정겨운 맛집들

송송책방

차례

신문에 서울 식당을 소개하는 만화를 연재한다고?
응
하기로 했어?
글쎄, 일단 고민 중이야

요즘은 여기저기에 맛집 정보가 넘치는 세상이니까
그렇긴 하지

그래서 굳이 의미를 찾아보니까

한 70년쯤 지난 2091년에 증손주뻘 되는 후손이 맛집 기사 검색을 하다가

우리 선조들은 이런 데서 이런 음식들을 드셨구나
와- 진짜 맛있어 보인다
바삭
바삭

어? 가만!
이 식당은 지금도 있는 건데
로이, 검색 부탁해
네, 주인님!

옳지! 있구나!
먹으러 가보자! 앞에서 좌회전~
4분 37초 후에 도착 예정입니다

그러면 재미있지 않을까 하고 생각했지
히히. 그럼 어떤 식당들이 나오는 거야?

내가 어려서부터 가던 집. 우리가 즐겨가는 집

서울의 맛 이라고 해야 하나?
가령?

가령
지금 가는 데 같은 곳
여기?

오늘도 냠냠냠
1화 연남동
감나무집 기사식당
늘 먹던 걸루?
응

돼지불백
2인분이요
18,000원
입니다

계산하고 갈 테니까
편한 자리에 앉아
있어요
응

여기는 연남동에 있는 기사식당으로
우리 집에서 걸어서 10분 거리다
감나무집
기사식당
윤수

이곳을 처음 알게 된 것은
미술가 친구인 Sasa[44]씨 덕분.
나랑
무척
닮았음

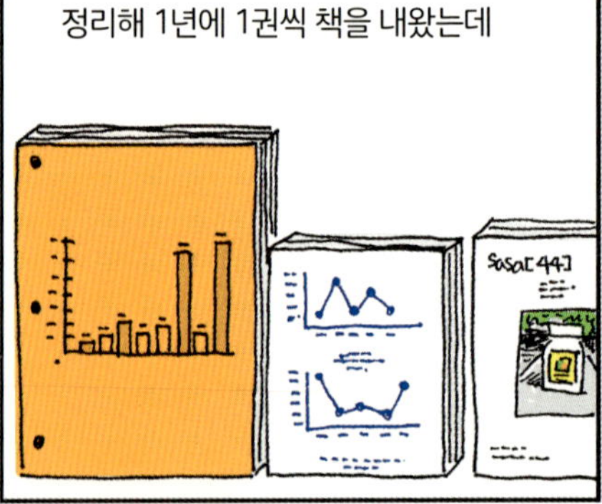

Sasa[44]씨는 매일 3끼 먹은 것을
정리해 1년에 1권씩 책을 내왔는데
Sasa[44]

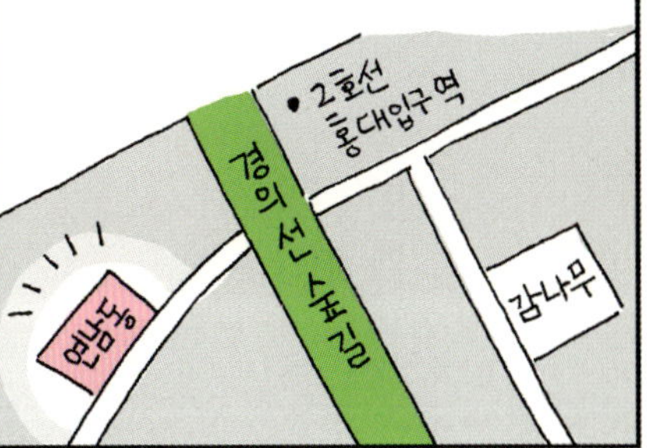

식당 분위기나 돼지불백 자체의 맛, 반찬과 밥이 무한리필이라는 점은 두 집 모두 비슷한데

<연남동 돼지구이 백반>에서는 고기의 양을 여러 가지로 주문할 수 있어서

김치찌개랑 돼지불백 1인분에 고기만 하나 추가하면

둘이서 배터지게 먹기에 딱 좋단 말이야

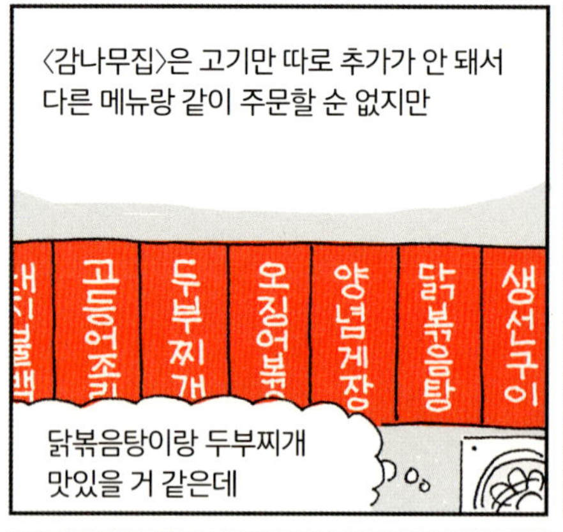

〈감나무집〉은 고기만 따로 추가가 안 돼서
다른 메뉴랑 같이 주문할 순 없지만
생선구이
닭볶음탕
양념게장
오징어볶음
두부찌개
고등어조림
돼지불백
닭볶음탕이랑 두부찌개
맛있을 거 같은데

이 집만의 특징이 몇 가지 있다.
돼지불백 2인분이죠?
네

잘 먹겠습니다~
조경규 2021. 7.

일단 멸치국물에 담긴 미니 소면
호로록 먹는 재미가 쏠쏠하다.

Sasa[44]씨 표현을 빌리자면
오늘은
면 상태가
아주 좋네.
종종 면이
굳어 있을
때도 있는데.
으음~

1인당 하나씩 주는 달걀후라이도
고맙지. 늘 식어 있긴 하지만.

이 집에 오는 이유 중 하나인
매콤한 두부조림 반찬~

이건 꼭
리필받아서
하나 더
먹어야 한다.
따끈따끈
하니까 더
맛있다!

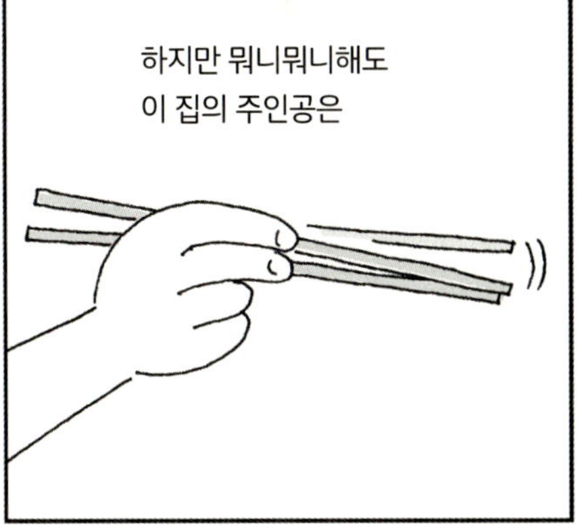

하지만 뭐니뭐니해도
이 집의 주인공은

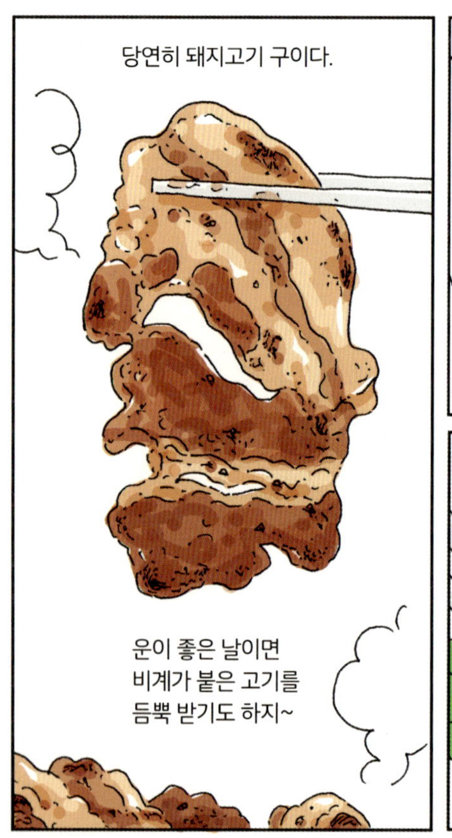

당연히 돼지고기 구이다.

운이 좋은 날이면
비계가 붙은 고기를
듬뿍 받기도 하지~

상추에 고기 두어 점 올리고

무생채에 쌈장

아~
앙

냠
냠
냠
냠

제일 맛있어 보이는 고기는
쌀밥에 올려서

아
앙
냠냠
냠
냠

내가 상추랑 무생채를 조금
더 가져오는 동안
조금씩! 적당히!

돼지비계를 못 먹는 아내는 비계 붙은
고기를 골라 내 살코기와 바꿔준다.
두부도 좀
받아왔지
땡큐
자~

난 참 운이 좋은 녀석이다.
맛있
겠당

후식으로는 건빵이 무료 제공~
별사탕은
없지만
맛있네
오독
오독

감나무집 기사식당

주소 서울 마포구 연남로 25
전화 02-325-8727 **영업시간** 24시간 / 연중무휴

1 나는 상추에 밥, 무생채 그리고 고기 한 점을 올려 먹는 걸 좋아한다. 생마늘은 이미지상 잠깐 올려놓은 것이다. 난 아직 생마늘을 먹지 못한다.

3 두부찌개라고는 하지만, 김치찌개에 두부가 들어간 것. 돼지고기도 들어 있다. 1000원을 내면 스팸도 몇 조각 넣어주신다. 가게 안 메뉴판에는 두부찌개의 찌개가 '찌게'로 잘못 표기되어 있다.

2 매콤한 오징어볶음. Sasa[44]씨는 보통 둘이서 이곳에 오면 돼지불백 하나, 오징어볶음 하나를 주문한다. 요즘도 거의 매일 아침 이곳을 찾는다고 한다.

4 넓은 주차장이 있지만 늘 택시로 가득 차 있다. 주차 정리 해주는 분이 계셔서 걱정은 하지 않아도 된다.

연남동 돼지구이백반

1 김치찌개는 1인분만 주문해도 보글보글 끓여 먹도록 냄비에 나온다. 고기는 주방에서 연탄불에 구워져 나오지만, 테이블마다 고기구이집들처럼 불판이 준비되어 있는 것은 바로 이 찌개 때문이다. 김치찌개 외에 부대찌개, 동태탕, 된장찌개도 있다.

5 더 먹고 싶은 반찬이 있으면 한쪽 코너에 준비된 셀프바를 이용하자. 이날 반찬 중엔 어묵볶음도 있었나 보다. 야호!

2 기본 반찬과 국. 부추나 무생채처럼 늘 나오는 것도 있고, 그날그날 바뀌는 것도 있다.

3 고기만 추가로 한 접시씩 주문할 수 있다는 것이 이곳의 매력이다.

4 연남동 큰길가에서 변함없이 자리를 지키고 있다.

HYUNDAI DEPARTMENT STORE
오늘도 냠냠냠
2화 압구정동 한솔냉면
3호선
압구정역
우와, 덥다

이제 슬슬
가야지?
같이 가. 우리가
태워다 줄게

아냐
난 그냥
혼자
갈게
요 앞에서
버스 타면
금방이야
MISSISSIPI
22

이분은 나의 처제.
즉 아내의 여동생이다.
왜? 바래다줄게
괜찮아. 그냥 가.
버스 타고
갈게

방금 이 주변을 2시간 동안
산책하기 전에
가까운데
그냥 가자

가로수길 오리지널 팬케이크 하우스에서 브런치를 배불리 먹고

걷다가 더워서 약국에서
박카스까지 한 병씩 마신 후였다.
나 실은
약속이 있어
아람사
전기 / 보조키 / 종합수리

갑자기
무슨 약속?
아, 저기…
어디 좀
들렀다가
가려구

엄청 수상한데?

진짜
뭐야?
아니, 그게
아니구

냉면
한 그릇
먹고 가려고
그러지.
시원~
하게
요
앞에서

한솔냉면?
응

야, 그럼
말을 하지
바쁘잖아,
언니랑 형부

가자!
어딜요?

어디긴
어디야?
냉면
먹으러지!
맛있겠다~
다 같이
가려고?

그리하여 약 15분 후 우리 앞에는 〈한솔냉면〉의 물냉면이
하나씩 놓여졌다.

잘 먹겠습니다

호로로로로로로록

벌컥 벌컥
꿀꺽 꿀꺽

부모님이 모두 이북에서 태어나셔서 난 어려서부터 평양냉면을 먹어왔다.
음~
얼갈이 겉절이도 있고

압구정동에서 태어나고 자란 이 자매에게는 이곳의 냉면이 고향의 맛이다.
그래, 딱 이 맛 이야~

쫄깃하고 가느다란 면발에 새콤달콤 깔끔한 육수, 이른바 서울냉면의 맛!
채 썬 배가 있어서
더 시원하고 달콤하니 맛있어

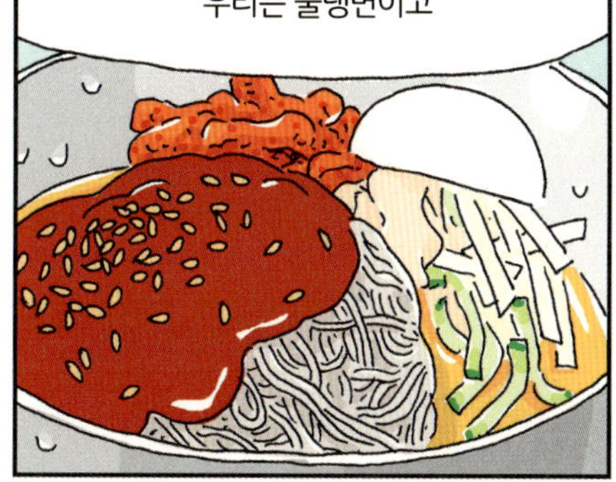

여기 오면 엄마는 늘 비빔냉면 드셨었잖아. 우리는 물냉면이고

우리 가족은 요즘도 2주에 한 번은 오는데 남편이랑 애들은 김밥에 초밥, 순두부찌개, 돈가스도 먹고

난 늘 이 냉면이야
뜨끈한 국물도 같이 먹고

근데 그거 혹시 처제 얘기야? 물냉면에 계란 풀어 먹는다는 거?
어? 그거 어떻게 알았어요?

비빔냉면에 노른자 부숴 먹는 건 알았지만 물냉면에 노른자를???
쉬워요
노른자를 꺼내서 이렇게 막 부순 다음에
요렇게 시원한 국물이랑 같이 떠서 먹는 거죠
엄청 고소하니 맛있어요!
어…
그래?
아, 그리고 이 흰자는 가운데 빈자리가 있잖아요
그 안에 국물을 담아서
꼬로록

숟가락처럼 국물을 떠 마시는 거예요. 요렇게 들고 여러 번
호로록
MISSISSIP
22

이게 또 국물 맛이 끝~내줘요!
형부도 한번 해 보세요
아- 시원해!

맛이랑은 아무 상관 없는 거 잖아!!
호로록

뭐야, 이거?

은근히 재밌는데!!
그쵸? 제 말 맞죠?
그만들 하시지
MISSISS

냠 냠 냠
끄아 악

한솔냉면

주소 서울 강남구 압구정로 165 현대백화점압구정본점 B1
전화 02-3449-5593 **영업시간** 10:30-20:00 **홈페이지** www.hansolnoodle.co.kr

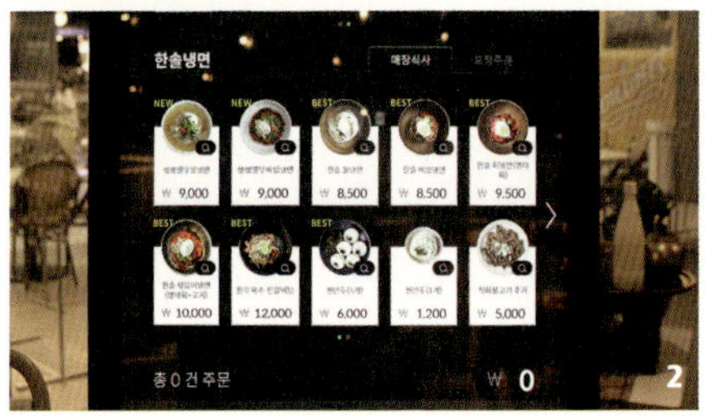

1 "한솔냉면은 평양냉면이 아니다. 전국 각지 냉면의 장점을 모아 업그레이드한 최초의 서울냉면이다" 라고 한솔냉면 홈페이지에 써 있다. 메밀로 만드는 평양냉면과 달리, 이곳의 냉면은 고구마 전분으로 만든 국수를 사용해 투명하고 쫄깃하다. 따뜻한 육수를 한 그릇 같이 준다.

2 1985년 현대백화점 압구정본점에서 열다섯 평 크기로 시작한 한솔냉면은 현재 천호동, 목동, 신촌, 여의도 등 현대백화점 푸드코트에서 만날 수 있다. 서울

외에 부천, 대구, 고양, 울산 지점에도 입점해 있다. 주문은 키오스크에서 한다.

3 비빔냉면도 참 맛깔나다. 비벼 먹기 좋게 길쭉하게 썬 각종 재료들이 냉면의 맛을 더 풍성하게 해준다. 이 사진은 여의도 더현대서울에 있는 지점에서 찍은 것이다.

오늘도 냠냠냠
3화 장충동 태극당
장충단
공원
3호선
동대입구역
태
극
初極堂

홀로그램을 전체로 하면
반짝반짝하긴 할 텐데
자개 느낌보다는 그냥
홀로그램으로만 보일 거
같아서
일단 사진을 인쇄하고 그 위에
외곽선 정도만 홀로그램으로
하면 느낌이 더 살지 않을까
싶어요. 해봐야 알겠지만요
태극당
농축원 풍

이 분은 알프레드 하르트.
Alfred 23
Harth
(A23H)
그러면
흠

색소폰 연주자이며 전위음악가이자
미술을 전공한 멀티미디어 예술가로
독일에서 태어나 한국에서
살고 계시다.
그렇게
하죠

내가 20대 후반이던 2003년, 〈eShip Sum〉이란 CD를 만드실 때 디자이너로 옆에서 도와드린 적이 있다.
만드는 데 며칠쯤 걸릴까요?

디자인 자체에 대한 아이디어를 정확하게 갖고 계셔서 막상 나는 제작과 인쇄 부분만 책임졌다고 하는 것이 맞을 테다.
디지팩으로 2단으로 하고
CD 알판 만들고

비닐 래핑까지 하면 길어도 10일이면 될 거예요
좋네요

한국 문화에 관심과 애정이 많아 이번 CD 표지에는 직접 찍은 나전칠기를 담고 싶어하셨다.
음

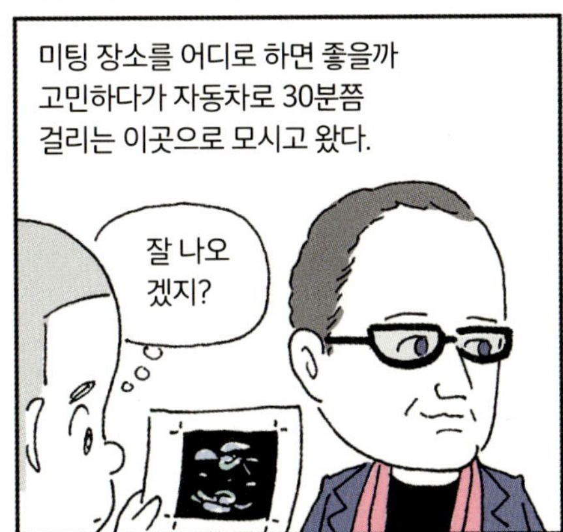
미팅 장소를 어디로 하면 좋을까 고민하다가 자동차로 30분쯤 걸리는 이곳으로 모시고 왔다.
잘 나오겠지?

서울에서 가장 오래된 빵집인 〈태극당〉을 구경시켜 드리고 싶어서 말이다.
카운타
納稅로 國力을 키우자
計算을 正確히 합시다

이전에도 몇 번 뵈었지만

막상 이렇게 둘이 앉아서
얘기한 적은 처음이라

納稅는 國力
꼭 드립니다 영수증을
꼭 받아가세요 영수증을
菓子 中의 菓子

중간중간 어색한 침묵이 흐르곤 했다.
바로 그때 지금 생각해도 참 바보 같은
질문을 하게 된 것이다.

무슨 화두를
던지면 좋을까?

등록 상표
菓子 中의 菓子

전위음악은
내가
뭐가 뭔지
잘 모르고

독일에서
오셨으
니까

독일
이라…

음…
어…

오,
그
래

독일 사람들은 감자랑 소시지를
거의 매일 먹나요?

그럴 리가 없잖아요
그런가요?
하긴…

그건 마치 한 외국인이 나에게 이렇게 묻는 것과 같은 것이겠지.
한국 사람들은 비빔밥과 불고기를 매일 먹죠?
네?
아니죠

한 나라의 대표적인 음식은 물론 좋고 맛있지만, 어떻게 맨날 똑같은 것만 먹겠어?
아니, 그럼 뭐 먹어요?
한국에 맛있는 게 얼마나 많은데요

가령 태극당의 문을 열고 빵집 안으로 들어왔다고 하자.
菓子 中의 菓子
太極堂

이 많은 빵들 중에 무얼 골라야 할까?
하나같이 다 탐스럽고 맛있어 보이는데 말야. 이름도 신기하구
소보로
사과잼
오란다
카스테라
ve You
버터케익

나의 첫 번째 선택이자
최애 빵은 다름 아닌
야채사라다 빵

양배추, 감자, 당근, 삶은 달걀, 다진 소고기를
마요네즈로 버무린 사라다가 빵 안에 한가득~

빵 위에
달콤한
슈크림

무게가
500g

묵직한 것이
아령으로 써도
될 정도라니까

조경규 2021. 7.

2등은 우리 아버지가 특히 좋아하시는 로루케익
멋진 문양
아삭아삭 사과가 씹히는, 직접 만든 사과잼이 듬뿍~

아버지는 늘 말씀하신다.
롤케이크에는 역시 잼이 들어 있어야지~

물론 크림이 든 것도 좋지만 나 역시 하나만 고르라면 잼 롤케이크.
흰 우유에 적셔 먹으면 꿀맛!

그리고 우리 딸이 좋아하는 모나카 아이스크림도 빼놓을 수 없지.

동그란 찹쌀 모나카도 맛있어요

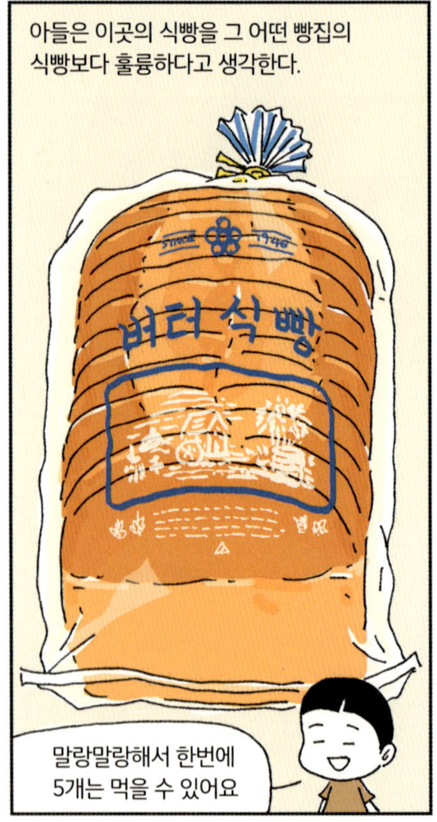

아들은 이곳의 식빵을 그 어떤 빵집의
식빵보다 훌륭하다고 생각한다.
버터 식빵
SINCE 1946
말랑말랑해서 한번에
5개는 먹을 수 있어요

채소가 든 야채모닝빵과
건포도가 든 갈색빵, 옥수수로
만든 자양빵도 맛있고

그런가 하면 전병 종류도
바삭하고 고소한 것이
참 훌륭하다.
과연
과자 중의
과자로다!

내가 가장 좋아하는 것은 남대문 전병!
문양도 크기도 국보급!
태극당

나는 하얀 버터크림이 든 빵을
세 번 오면 한 번은 꼭 먹는데

아내는 거의 매번 슈크림빵을 고른다.

큼직하고 묵직한 게 손으로
들어보면 맛이 느껴진다.
크림빵은
무게가
중요해요

무게는 곧 크림의 양이니까
체크!
메모하자

또 뭐가 있더라?
근데,
아빠
응?

이게
마지막
칸인데
어?
가만?!!
안 되
는데!
!!??!!

바로 뒤에 있는
사진 페이지에서
더 얘기해 드릴게요

태극당

주소 서울 중구 동호로24길 7
전화 02-2279-3152 **영업시간** 08:00 ~ 21:00

1 내가 가장 좋아하는 야채사라다빵. 뒤에 보이는 박스는 태극당 종합 전병세트. 4가지 비슷한 듯 각기 다른 전병이 들어 있어 모두 맛볼 수 있다.

2 사라다빵의 속을 들여다보자.

3 예쁜 태극당 머그잔에 담긴 음료는 태극다방커피. 믹스커피 맛이다. 그 옆에는 크림빵과 버터빵, 뒷편에는 버터식빵도 보인다.

4 몽실자양빵, 갈색빵 등 감성을 자극하는 빵 이름과 포장디자인.

5 태극당 빵은 빵집 안에서 먹으면 더 맛있다. 접시에 담긴 건 흰몽블랑, 하니시트론, 월병. 뒤쪽은 크림빵, 단팥빵, 버터빵이다. 옛스러운 빨강 젤리가 올려진 몽블랑은 생각만큼 맛있진 않지만 자꾸 집게 된다.

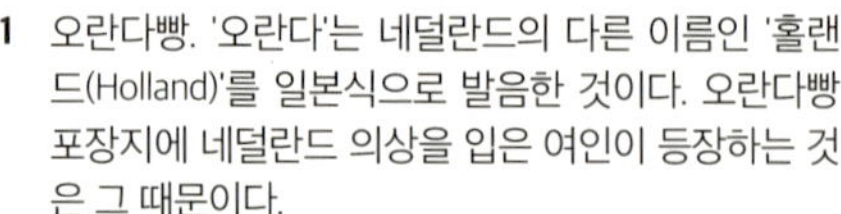

1 오란다빵. '오란다'는 네덜란드의 다른 이름인 '홀랜드(Holland)'를 일본식으로 발음한 것이다. 오란다빵 포장지에 네덜란드 의상을 입은 여인이 등장하는 것은 그 때문이다.

2 오란다빵의 단면. 사과잼에 충분히 적셔진 카스테라를 보고 있노라면 입안에 맑은 침이 고인다.

3 태극당에서는 고전적인 디자인의 버터케이크를 만나볼 수 있다. 이 제품은 2021년 이마트와 콜라보하여 만들었던 '버터케익'이다. 전국 이마트 냉동고 안에 꽁꽁 언 채로 만날 수 있었는데, 지금은 단종된 듯하다.

2015년 리모델링을 하기 전에 찍은 태극당 본점 외관. 내가 디자인하우스에 출입하던 2000년대 중반의 모습이 딱 이랬다. 지금도 같은 구조이긴 한데 좀 더 단정하고 정갈한 외관으로 바뀌었다. 1946년 명동에서 창업해 1973년 장충동 지금의 자리로 이전했다고 한다. 빵은 물론 아이스크림과 전병도 모두 이 건물 안에서 만든다.

오늘도 냠냠냠
4화 도화동 굴다리식당

음식 만화를
그려온 지
어언 15여 년.

독자들에게 여러 질문들을 종종 받곤 한다.
가장
좋아하는
음식이
뭐예요?
언제까지 머리를
그렇게 빡빡 깎으실
건지 궁금합니다

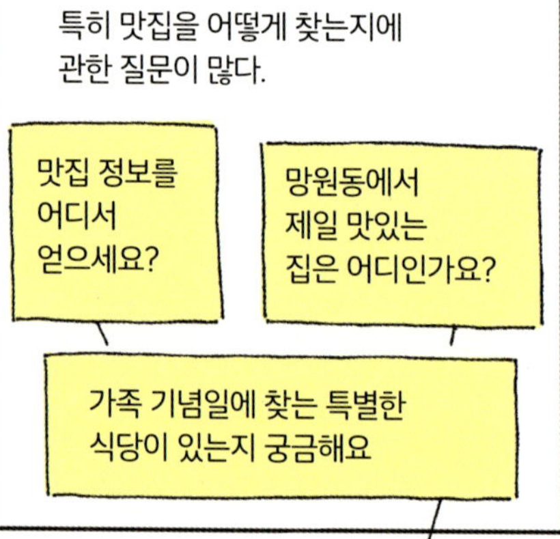

특히 맛집을 어떻게 찾는지에
관한 질문이 많다.
맛집 정보를
어디서
얻으세요?
망원동에서
제일 맛있는
집은 어디인가요?
가족 기념일에 찾는 특별한
식당이 있는지 궁금해요

맛집에 대한 기준은 다 다르겠지만
나의 경우를 말씀드리자면
당연한
얘기죠?
① 자주
가는 식당

② 가만히 있다가
문득 생각나
가곤 하는 집
이렇게
두 가지
입니다

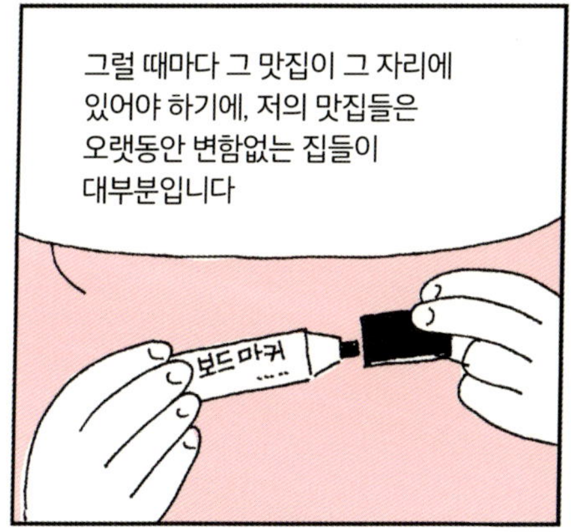

그럴 때마다 그 맛집이 그 자리에 있어야 하기에, 저의 맛집들은 오랫동안 변함없는 집들이 대부분입니다
보드마커

이런 집들을 알게 된 경위는 4가지 정도로 나눌 수 있습니다
생각나
집

우선은
① 아버지, 어머니와 어려서부터 함께 가던 집
국밥집, 냉면집, 중국 식당이 주를 이루지요

② 친구, 지인으로부터 소개받은 집
맛집 소식에 정통한 지인이 주변에 많은데 이 만화를 통해서 앞으로 한 분씩 만나게 될 겁니다

③ 책, 잡지, 신문 등 종이에 인쇄된 정보를 통해
특히 20년 이상 오래된 맛집 가이드북을 좋아 합니다. 지금은 없어진 집들도 많긴 하지만

지금까지 남아 있으면서 변함없는 음식을 내놓고 있다면 분명한 맛집인 거지요
伯坡 洪性裕
韓國 맛있는 집
777
1988년 개정판
오래된 식당 100곳
전국 맛집 150곳
<2002년>
블루리본 서베이
서울의 레스토랑
2007

마지막으로 네 번째는
④ TV 보다가 더 이상 못참고 달려간 집
낑낑낑

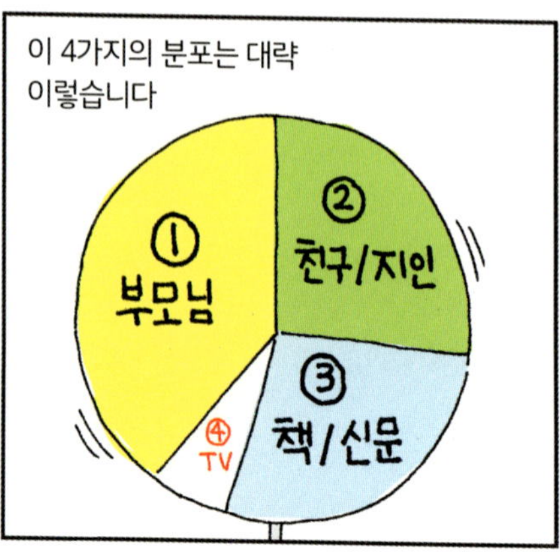

이 4가지의 분포는 대략 이렇습니다
① 부모님
② 친구/지인
③ 책/신문
④ TV

TV를 통해 알게 된 집 중에서 10년 넘게 꾸준히 가는 집은 몇 되지 않습니다
책/신문
④ TV

오늘 여러분과 함께 맛볼 식당이 그 몇 안 되는, TV 보다가 알게 된 집입니다
④ TV

지금처럼 먹방 프로그램이 넘쳐 나기 전인 2000년대 초반, 저희 부부가 신혼이던 시절
이 야

〈VJ특공대〉나 〈생생정보통〉 같은 프로를 통해 알게 된 집으로
저기 꼭 가봐야 되겠는데
어 디 지?

알고 보니 우리 집과 같은 마포구 아니던가!
차 타고 15분이면
가겠는데?

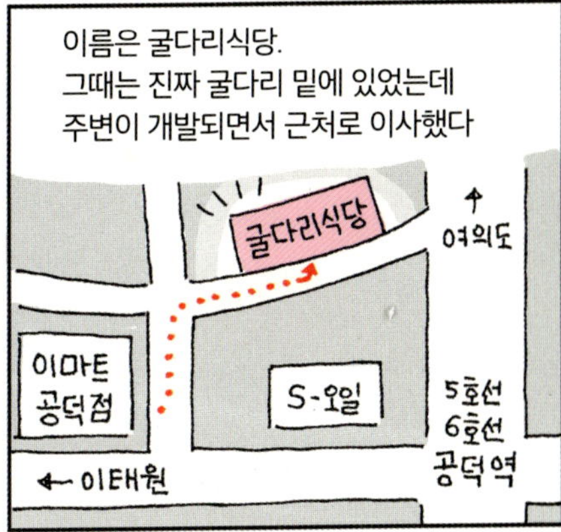
이름은 굴다리식당.
그때는 진짜 굴다리 밑에 있었는데
주변이 개발되면서 근처로 이사했다
굴다리식당
여의도
이마트
공덕점
S-오일
5호선
6호선
공덕역
이태원

가장 좋아하는 시간대는 평일 오전 9시 30분쯤
식품
김 치 찌 개 전 문
굴다리식당
신속배달
굴다리식
김치찌개
제육볶음

아이들 학교 가고
우리 둘이서 오붓하게
김치찌개 브런치를
즐기는 거다
메뉴
김치찌개 8,000
제육볶음 11,000
계란말이
(안주용)
10,000
일 월 화 수 목 금 토
2021
6월
오전
오후
4:25
김치찌개
둘 주세요

조경규 2021.8
맛있겠다~
제육볶음 11 000
금연구역
잘 먹겠습니다

기다란 김치를 하나 잡고

따뜻한 쌀밥 위에 올린 다음

요렇게 밥을 싸서
먹는 맛!

전골처럼 끓여먹는 찌개가 아니고 큰 통에
많이 끓여둔 것을 퍼주는 데다가
냠
냠
냠

양념도 과하지 않고
자연스러워
꼭 집에서
먹는 거 같다.

반찬으로 주는 계란말이도
김치찌개랑 딱이고

김이랑 먹는 것도
집이랑 똑같애
그러
니까

2명이서 찌개 하나랑 제육볶음을
주문해서 나눠 먹을 수도 있지만
고기가
엄청
두툼해요

껍질과 비계가 붙어 있는 돼지고기가
찌개 안에도 넉넉하게 들어 있어서
우린 주로 찌개만 2인분 주문한다.

먹다가 더 달라고 부탁하면
조금 더 주시기도 하고
더 받을까?
오늘은 괜찮을
거 같은데

거의 다 먹을 무렵이면 찌개를 한 국자 떠서

밥에 말아서 마무리~
쓱쓱
쓱쓱

아침 든든하게 먹었으니
우와~ 잘 먹었당
나두

우리에게 주어진 오늘 하루도
굴다리식당

감사한 마음으로 활기차고 보람차게 지내야지!
아우, 근데 배부르니까 졸립다

편의점에서 커피 한 잔?
좋아

굴다리식당

주소 서울 마포구 새창로 8-1
전화 02-712-0066　**영업시간** 08:00~22:00

1 김치찌개를 주문하면 기본 반찬으로 나오는 계란말이. 더 달라고 하면 더 주신다. 따로 큰 계란말이를 주문할 수도 있지만, 한 번도 해본 적은 없다.

2 두툼하고 투박한 제육볶음. 껍질과 비계가 두둑하게 붙은 고기를 사용한다. 혼자서는 무리지만 2-3명이 간다면 도전해볼 만하겠다.

3 테이블마다 반찬통에 들어 있는 구운 김이 놓여 있다.

4 공덕동 굴다리는 철거된 지 오래되었지만. 이름은 그대로다.

명동교자
분점이요?
네

명동 본점
건너편에
있는 거요?
아뇨. 이태원 가는
길에 분점이 하나
생겼어요
전혀
몰랐는
데요

용산구청
있는 큰 길
아래쪽에
있는데
크라운 호텔
있는 쪽에요?
아,
크라운
호텔
바로
옆에
있어요
오호

본점
이랑
맛도 똑같아요
라고
말씀하시는
이분은
비아북
한상준
대표님

17년 전인 2004년, 출판사 편집자와
그림 작가로 처음 만났고
명동교자
맛있죠
하~
부들부들
매끄럽게
넘어가는
그 면발!
헤헤

비아북을 만드신 후로는, 2014년 부터
출판사 대표와 표지 디자이너로
인연을 이어오고 있다.
그 국물도
끝내주고
크하
호로록

맛에도 일가견이 있으셔서
책 마감하면 식탐방도 다니고
저희는 가면
사리도 하나씩
더 먹고
밥도 말아먹고
그러죠

맛집 정보도 주고받는다.
(내가 주로 받는 편이지만)
와, 배부른데
사리까지
더 추가해서
드시는 거예요?

그럼요. 공짜인데
하나 받아야죠
공짜예요?
사리가?

밥은 늘 공짜로
받았었는데
사리도 그냥 더
주는 거예요?
그럼요

명동보다
주차하기도
편하고
좋아요
가족분들하고
언제 한번
가보세요
네,
그래야
겠네요.

오호라
오늘도 아주
알찬 정보를
입수했군

오늘도 냠냠냠
5화 이태원동 명동교자
6호선 녹사평역
명동교자

며칠 후 온 가족이 명동교자 이태원점으로 출동했다.
우선 만두부터 한 판~

먹자
잘 먹겠습니다
맛있 겠다
이게 또 맛있다구

명동교자에 대한 추억은 과일로 치자면 거봉 같아서 커다랗고 탐스런 기억들이 주렁주렁 달려 있다.

어렸을 때 아빠 손 잡고 오던 집인데

이젠 아이들을 데리고 온다.

얇은 완탕이 4개 올려진 칼국수 등장!
조경규 2021.8

우선 완탕 하나 입에 쏙- 넣고

고슬고슬 볶은 고기와 채소를
잘 저어주면
히히
엄청
맛있
겠다

걸쭉~하고 진한 국물로 변신!

아~
이 맛이야
스
흡

호-

이게 닭뼈를 고아 만든 국물에 닭고기
고명이라는 사실이 반전이라면 반전이지

마늘과 고춧가루가 듬뿍 들어간
겉절이 김치는 살살 털어서

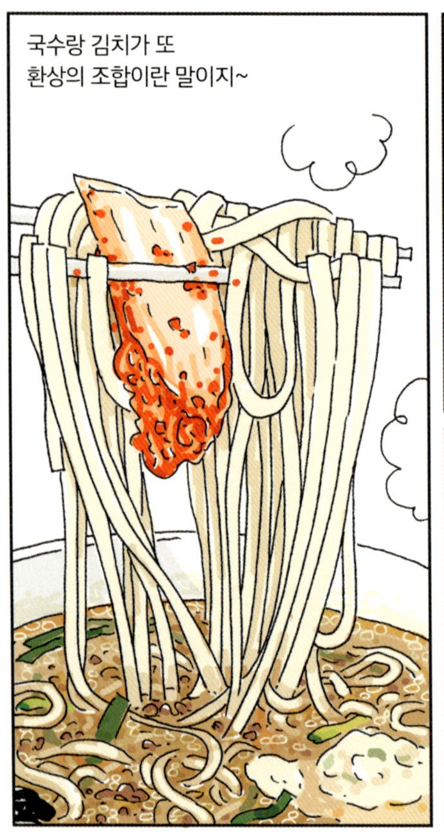

국수랑 김치가 또
환상의 조합이란 말이지~

후루룩

사리 추가
해볼까?
전 국수는 괜찮고
이따 밥 말아서 먹으면
딱일 거 같아요
후루룩 후룩

준영이는?
하나 해야죠
올
지

그렇게
사리도 받고
밥도 말아
먹었다.
우와-
진짜로
막 주네

종종 본점과 분점의 맛이
미묘하게 다른 경우가 있는데

명동교자는 맛도 양도
서비스도 100% 일치.
후룩
후룩
냠냠

한 가지 다른 점이라면,
명동 본점이었으면 다 먹고 나서
거리를 다니며 산책도 하고
후식도 먹고 했을 텐데
우
와
진짜
배부르다.
그치?

여긴 주변에 아무것도 없네
없어도 너무 없는데
후식은 뭐 먹어요?

명동교자

본점 주소 서울 중구 명동10길 29 **전화** 0507-1366-5348 **영업시간** 10:30-21:00
이태원점 주소 서울 용산구 녹사평대로 136 **전화** 0507-1445-7302 **영업시간** 10:30-21:00 / 15:30-17:00 브레이크 타임

1 명동교자에 오는 많은 사람들이 칼국수를 먹지만, 나의 아내처럼 비빔국수를 좋아하는 사람도 있다. 클로렐라를 넣어 초록빛이 도는 국수를 양념장에 미리 비벼서 주는 독특한 방식이다. 맛이 어떤지 아내에게 물어보니 "시원하고 참 맛깔나"라는 대답이 돌아왔다.

2 칼국수와 더불어 명동교자의 또다른 주인공은 바로 이 만두. 돼지고기와 부추를 얇은 피로 감싼 양배추 모양의 귀여운 만두! 진한 고기 맛 사이로 고소한 참기름 향이 솔솔 퍼지며 오감을 자극한다.

3 칼국수를 먹고 나서 하얀 쌀밥을 말고 있는 저자. 동그란 만두가 국물 안에 들어 있는 것이 보인다. 따뜻하게 넣어두었다가 나중에 마무리로 먹으려는 속셈이다.

4 매콤칼칼한 겉절이 김치. 개인적인 취향으로는 마늘이 너무 많이 들어가 있다. 그래서 나는-좀 죄송하지

만-물을 조금 부어가면서 먹곤 한다. 그래도 꼭 두 접시는 먹게 된다.

5 명동에 있는 명동교자 본점. 걸어서 2분 거리에 분점이 하나 더 있다.

오늘도 냠냠냠

6화 내자동 내자땅콩

뚝-

와작
와작

땅콩이 맛있지 역시?
그렇죠
부스럭 부스럭

와작
와작
와작

근데 생강도 맛있잖아요
맛있지

그럼 하나씩만 먹을까요?
좋지

나른한 일요일 오후
어차피 다시 풀걸 괜히 묶었네. 힘들게
헤헤헤 뭐, 그런 거죠

4명이서 시작했다가 결국 딸과 둘이서 막과자 파티 중.
먹다 보니 파래 맛이 기억이 안 나네
그럼 파래 맛 하나씩?

이미 10개쯤 먹고 나서 정리하던 중이었는데
역시 파래가 맛있어
김 향이 솔솔 나는 게

반 개만 더 먹는다더니 5개씩은 더 먹고 있는 거 같네.
근데 그거 알아?
?

생강이 또 엄청 맛있어
그렇다니까요
부스럭 부스럭

원래 막과자 중에 생강 맛은 하얗고 달콤한 게 막 묻어 있잖아.
저렇게
달콤하니 엄청 맛있죠

근데 이 집 생강과자는
그런 게 하나도 안 붙어 있단 말야.

그래서 처음엔 좀 실망했지.
아빠도 그 하얀 거 진짜 좋아하거든.
와작
와작
좀
심심
한데

근데 먹다 보니 매콤한 맛이
슬금슬금 올라오다가

어느 순간 생강 맛이
훅- 하고 올라온단 말야
캬하!

생강이 확실히
맛있죠?
그렇다니까
와작
냠냠

그럼 나도 하나만
더 먹어야지
헤헤헤
와작
와작
아직까지 먹고 있어요?

이 과자들의 출처는 경복궁 근처 내자동의 내자땅콩
과자의 명가
내자땅콩
즉석과자전문
공인중개사
내자
즉석과자전문
내
옛날
3호선
경복궁역 →

어렸을 때 아빠 차 타고 시내 나갈 때
차 안에서 간판을 보고

더 커서는 광화문 교보문고나 인사동 가는
버스 안에서 간판을 보며 생각했지.
129
고척동
(굴산)
서대문
시청앞
광화문
광화문

내자땅콩?
거참 재미난
이름이네
주변은 다
변하는데 저
집은 어째 늘
그대로야

좀 더 커서 직접 운전하면서도
그냥 지나가며 구경만 했지.

늘 어딘가로 가는 길에 차 안에서 보기만 하고 막상 한 번도 가본 적이 없었단 말야.
즉석과자전문
땅콩
그러다가 어느 날 가게 안에 들어가게 된 거야. 그게 언제냐 하면
언제냐 하면

바로 니가 아기였을 때였어. 너랑 둘이서 말야. 한 6, 7살쯤 되었으려나?
까아

가게 안은 달콤한 과자 향이 가득했어.
어서 오세요
우와

7 8 9 10 11 12 13
14 15 16 17 18 19 20
21 22 23 24 25 26 27
28 29 30 31
가게 안쪽에서 할아버지가 과자를 열심히 굽고 계셨거든.

신기하게 쳐다보는 너한테

할아버지는
금방 구운 과자를
하나 주셨어.

덕분에 아빠도 하나
받을 수 있었고 말야.
감사합니다

원래 이 과자가 바삭바삭하잖아.

근데 금방 구운 건
따뜻하고
쫄깃쫄깃
찐득찐득
한 거야!

어찌나 맛있던지!!
이런 건
여기서밖에
못 먹는 거야
콩
과자
전통과자
1974년

먹어보고
싶다!
먹어봤었다니까.
옛날에

아잉

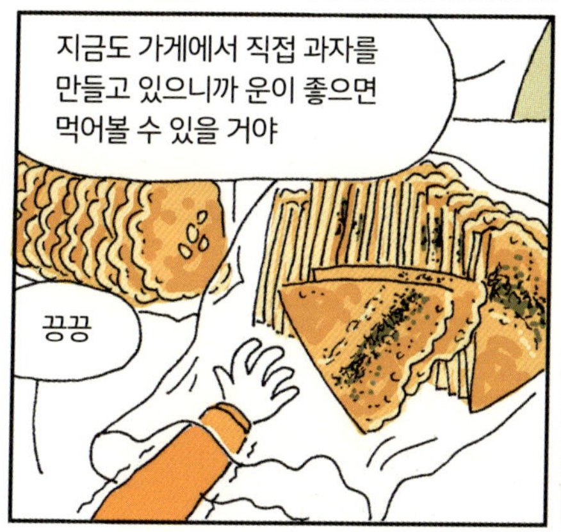
지금도 가게에서 직접 과자를
만들고 있으니까 운이 좋으면
먹어볼 수 있을 거야
끙끙

어제는 토요일이라
안 계셨었잖아요
그랬지
낑낑낑

다음을 기약해 보자꾸나~
와작
와작
나도
몇 개 더
먹어야지~
냠
냠
냠

우리도 진짜
마지막으로
파래 하나 더?
좋
지
와작
와작

내자땅콩

주소 서울 종로구 사직로 111 **전화** 02-730-7239
영업시간 11:00-18:00 / 12:30 - 13:30 브레이크타임 / 매주 일요일 휴무

1 1974년부터 시작해 대를 이어 과자를 굽는 이곳. 가게 안에는 여러가지 과자들이 있지만, 직접 만드는 건 파래과자, 생강과자, 땅콩과자 3가지다. 우리는 꼭 3가지를 다 구입한다.

2 가장 먼저 없어지는 것은 파래과자, 제일 마지막까지 남는 것은 생강과자다.

3 오후에 가면 원하는 과자가 없을 때도 있으니, 확실하게 3가지 다 맛보고 싶다면 오전에 가는 것이 좋다. 카드를 받지 않아 현금을 준비해 가야 한다.

오늘도 냠냠냠
7화 무교동 북어국집
♬♬~

무교동
북어국집
(구) 터줏골   since 1968
SINCE 1968

여기는 내 평생 부모님과 가장
많이 왔던 식당 세 곳 중 하나.
안녕하세요
어서 오세요

10대였던 80년대 중반부터
왔으니 30년이 훌쩍 넘었다.
3명
이세요?
네

나의 할머니와 함께 오다가
지금은 내 아내와 아이들과 오고 있으니
하나는
파 빼고
주세요
네

손님으로 4대째다.

이 식당의 특징은 한둘이 아니지만 일단 음식 나오는 속도가 맥도날드보다 빠르다.

앉아서 수저 놓고 있으면 어느새 나와 있다.
역시 빠르네
파 빼기 어느 분?
이야-
파 빼기는 이 앞이요

이런저런 이유로 1년 넘게 못 오다가 오랜만에 아들과 아내와 셋이서 왔다.
잘 먹겠습니다~
맛있겠다~
조경규 2021.9

반찬은 늘 똑같은 3가지.
국밥과의 싱크로율이 하나같이
훌륭하다.

먹을 만큼 직접 덜어 먹으니
버릴 걱정도 없다.

김치
부추
오이지

북어국 간은 새우젓으로 맞춘다
수
북
이만큼
넣으면
되겠죠?

적당히 넣어!
엄청 짜!
히히히, 장난
이에요, 장난

이 집의 북어국은 북어로 국물을 낸
시원하고 맑은 국이 아니고
아-
이 냄새야

사골을 뽀얗게 우려낸 국물이라
맛이 구수하고 참 깊다.

거기에 보드라운 두부와 비단같이 매끈한 달걀, 통통한 북어 살이 듬뿍 들어 있다.

메뉴는 단 하나지만
북어해장국
8,000

주문하는 방법에 따라
커스터마이징이 가능하고
파 빼기
두부 빼기
북어 빼고
(북어국인데??!)
건더기 빼기
(국물만~)
2인 포장 오이 부추 많이

국물과 건더기는 무한 리필이다.
두부랑 계란이랑 국물 좀 더 주세요
하나요?
둘이요

후루룩
후루룩

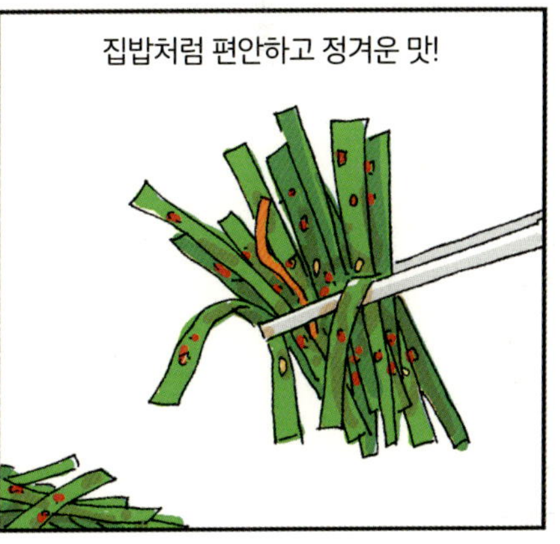

집밥처럼 편안하고 정겨운 맛!

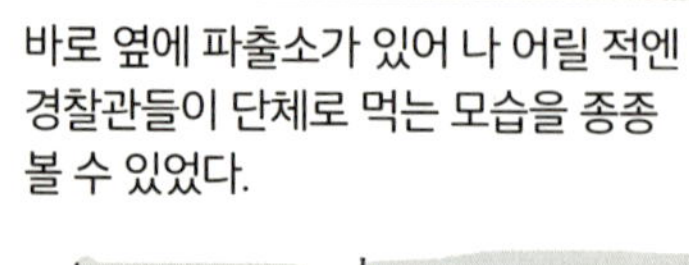

바로 옆에 파출소가 있어 나 어릴 적엔 경찰관들이 단체로 먹는 모습을 종종 볼 수 있었다.

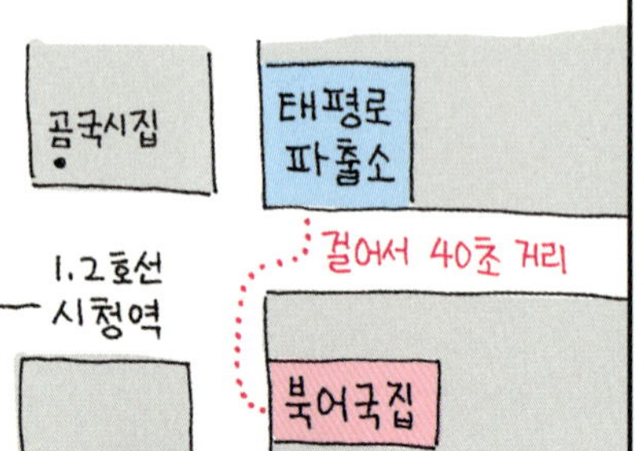

곰국시집
태평로 파출소
1.2호선 시청역
걸어서 40초 거리
북어국집

근데 경찰 아저씨들이 오시면 달걀 후라이를 하나씩 서비스로 주는 것이 아닌가!
감사 합니다
띠용~

먹고 싶다!
달걀 후라이 반찬!!
커서 경찰이 돼야 하나?

그렇게 10년 정도 한 달에 두 번 이상 온 가족이 왔더니
1987
1988
1989
1990
1991
1992
1993
1994
1995
1996

어느 날부터 우리 가족에게도 달걀 후라이를 서비스로 하나씩 주시기 시작했다!!

아버지는 주변 분들에게 미안하시다며 늘 먼저 드셨고

나는 마지막까지 아껴가면서
천천히 그 맛을 음미했다
우왕
맛있당

결혼 후 아내와 둘이서 왔을 때
기억하시려나?
어서 오세요
2명이요

잠시 후 도착한 달걀 후라이로 알 수 있었지.
기억해 주시는구나
손님이 이렇게나 많은데도

하지만 오늘은 하도 오랜만이라 진짜 기억해주실지 모르겠더라
거의 다 먹어 가는데

달걀 후라이 있어야 하는데
그럴 수도 있지 뭐
응
한동안 안 왔잖아

근데 고맙게도 잊지 않으셨다.
아이도 반숙 괜찮죠?
네

아버지는 국밥을 다 드시고
어머니가 남기신 밥 1/3 공기를

시원한 물김치에 말아서
드시곤 한다.
후룩
후루룩

내 아들은 밥을
반만 국에 말고

나머지 반에는 달걀을 얹은 다음

새우젓 조금 넣고 잘 비벼서 먹는다.
쓱쓱
싹싹

냠냠냠
맛있어?
흐-뭇
네

잘 먹었습니다
감사합니다
3명
이시죠?
네

아버지는
건강하시죠?
국
8,000

아, 그럼요
네
잘 먹었습니다

세상에는 대를 이어가는 식당도 있고,
대를 이어 찾는 손님들도 있다.
앞으로는 더 자주 얼굴
보여 드려야겠다 ^^
북어국집
SINCE 1968

무교동 북어국집

주소 서울 중구 을지로1길 38
전화 02-777-3891 **영업시간** 07:00-20:00 / 주말은 15:00 마감

1 가게에 들어서면 가장 처음 만나는 풍경은 빼꼼히 보이는 주방이다. 달걀과 두부를 넣고 국물을 보충하며 북어국을 만들고, 쉬지 않고 그릇에 담아 손님에게 내간다. 북어 빼기, 두부 빼기, 건더기 빼기, 두부 계란 2인, 국물만, 파 빼기 등 다양한 주문에 맞춰서 하나하나 담아내는 모습이 너무 재미있어 줄서서 기다리는 시간이 지루할 틈이 없다. 먹는 중간에 더 받고 싶은 것을 얘기하면 더 준다. 국물만 더 받을 수도 있고, 달걀만 더 받을 수도 있고, 북어까지 모두 더 받을 수 있다.

2 자리에 앉으면 국밥과 함께 빈접시가 배달되어 온다. 테이블에 준비된 3가지 반찬-김치, 부추, 오이지-를 원하는 만큼 직접 덜면 된다. 물김치도 1인당 하나씩 주니까, 남기지 않을 만큼 적당히 덜어 먹자.

3 건물 밖에서 줄서 있는 시간은 좀 지루하긴 하지만, 워낙 회전율이 빨라 생각보다 속도감 있게 줄이 줄어든다.

오늘도 냠냠냠

8화 관훈동 조금

좋아하는 동네 골목길을
사랑하는 아내와 둘이서
돌고 돌며 산책 중이다.

미로처럼 복잡하게 이어진
골목길을 걷다가

길을 잃기도 하지만

뭐 그래도 상관없다.

휴대폰을 꺼내 길을 찾을
일은 더더욱 없고

그냥 소리를 따라 걷다 보면
자, 모두 이쪽을 보고

하나, 둘, 셋

졸업 사진 찍나 봐
정말
德成女子中學校

어? 근데 뭐야? 미술관 뒤쪽으로 다시 왔잖아!
빙글빙글 한 바퀴를 돌았네
국립현대미술관 서울
MMCA

방향은 이쪽이 맞는데
가보자

그렇게 골목길을 지나

인사동 입구까지 와서
鳥金
DORIKING
솥밥전문
鳥金
솥밥

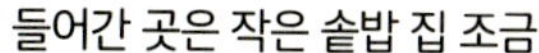

들어간 곳은 작은 솥밥 집 조금
釜飯 燒鳥 솥밥專門店
鳥 金
DORIKING

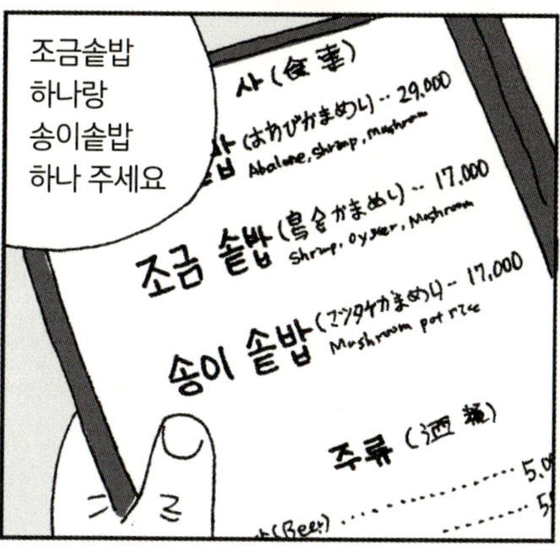

조금솥밥
하나랑
송이솥밥
하나 주세요
사 (食 호)
(あわびかまめし) ·· 29,000
Abalone, Shrimp, Mushroom
조금 솥밥 (鳥솥かまめし) ·· 17,000
Shrimp, Oyster, Mushroom
송이 솥밥 (マッタケかまめし)ー 17,000
Mushroom pot rice
주류 (酒 類)
5,0
(Beer) 5,

송이솥밥은 20분쯤
걸리는데요
괜찮아요
자연 송이 아니고
양송이예요
네, 알아요

결혼하기 전 데이트할 때부터 오던 집인데
늘 그대로야.
그치?
鳥金
응

난 어렸을 때 엄마랑도
왔었는데
그래?
그때부터
있었구나

오락 또락
대표 메뉴인 조금솥밥은
다양한 재료를 올려
화려하고 아기자기한 구성이
일단 눈을 즐겁게 해준다.

간장을 조금 덜어서 넣어가며 먹어도 되고

간장을 다 넣고 바닥까지
쓱쓱 비벼 먹어도 오케이~

내가 좋아하는 건 여러 가지
버섯과 뿌리채소가 가득한 송이솥밥
2021.10.16. 조경규

가격을 생각하면, 첫인상은
가성비가 조금 떨어지는 것 같지만

안에도 그냥 밥이 아니라
여러 재료들이 듬뿍 들어 있어
먹다 보면 만족감이 점점 채워진다.
유부
당근
우엉
콩

밥물이 맛있어서 그런지 밥만 먹어도 맛있어

양도 좀 적은 듯싶었는데
든든하게 배가 불러온다.

아래쪽으로 가면 누룽지가 있어
박박 긁어먹으면 살짝 탄 맛에
구수하고 짭짤한 게 맛있다.
냠
냠
냠

내 건 좀
많이 탔네
아이고, 좀 줄까?
아니,
배불러

어둑한 실내에서 두런두런
얘기 나누며 먹다 보면

지금이 낮인지 밤인지 여름인지 겨울인지
까먹기도 하지만
잘 먹었습니다

밖에 나오면 다시 현실 세계로 돌아오게 된다.
맛있었당
아, 눈부셔
솥밥

오랜만에 인사동 조금 걸어볼까?
좋지
후식도 좋은 거 있으면 하나씩 먹고
주차비가 슬슬 걱정되긴 하지만

사회초년생이던 21세기 초 토토에서 딱지랑 말판놀이 디자인할 때 자주 왔었는데
저기가 토토 가게 있던 자리야

그 사이에 변한 곳도 많고
건너편 토인은 지금도 잘 있네
참! 잘했어요
토인

그대로인 곳도 많고
참! 잘했어요
20년 전에 내가 만든 간판인데 오래돼서 조금 무서워졌어

조금

주소 서울 종로구 인사동길 60 크라운빌딩1층
전화 02-734-0783 **영업시간** 10:30-20:30 / 15:00-17:00 브레이크타임

1, 2 송이솥밥, 조금솥밥.

3 입에서 살살 녹는 전복이 통째로 올려진 전복솥밥.

4 식당 입구 옆에 숯불구이를 만들어주는 코너가 있다. 메추리, 닭, 관자, 은행 등 꼬치부터 이런 통오징어 구이도 주문 즉시 직접 만들어 준다. 술을 부르는 안주라는 소문이 있다.

5 멧돼지 꼬치도 별미.

오늘도 냠냠냠

9화 저동 평래옥

이 분은 카카오 웹툰의
권영국 PD님
아, 간판도
그대로네

5년째 내 담당 PD로,
종종 같이 밥 먹는 사이
이기도 하다.
네
들어가
시죠

그때 이 집에 진짜
자주 왔었는데
점심에도 오고
저녁 때도 오고
평래옥
냉면·불고기
SINCE:1950
2267-
헤헤

신문사 일이 정신없었는데
여기 오는 재미가 있었죠
8백만 실향민의 대표 언론지
五道新聞

신문사에서는
무슨 일
하셨어요?
사진
기자요

와! 무슨 부서요?
연예부요
뜨거운 육수

오 호

그 당시 활동하던 웬만한 연예인은 다 봤을 거예요
호로록

잠시 후 평양냉면이 등장하고 반찬도 몇 가지 차려졌다
숙주
무
깍두기

닭무침 반찬!

저 오늘 이거 먹으러 왔어요
헤헤헤

고기반찬 나온다는 게 좀 특이하긴 하죠. 보통은 채소 위주로 나오니까
그쵸

이 닭무침에서 저는 껍질을 제일 좋아해요
오늘은 운이 좋네~
이렇게 하나 딱 잡고

2021.10.20 조경규
얼갈이 배추
냉면에도 식초나 겨자를 따로 넣지 않고 그냥 슴슴하게 먹는 걸 좋아하는데
무김치 조금 더 넣어서 시원함과 새콤함을 더하고

매콤 새콤한 닭무침과
함께 먹는 거다.
우왕

후루루루루룩

꿀꺽 꿀꺽

아- 바로 이 맛이야!

저한테는
이게 바로
평양냉면
이에요

여기서 처음 배웠거든요
그러셨구나

저는 한 15년 전쯤에 이 집에 한동안 열심히 왔었어요
고기류
평양식어복쟁반
불고기 (1인 230g)
주류

냉면도 자주 먹었지만 다른 식사 메뉴들도 다 맛있거든요
식사류
평양냉면 11,000
비빔냉면 11,000
온면 11,000
초계탕 28,000
육개장 9,000
/만두국 8,000
장국밥 9,000

초계탕이요?
초계탕도 물론 시원하니 좋지만

저는 이 집 불고기도 집에서 만든 거 같아 좋아하구요

특히 제일 좋아하는 건 여기 국밥이에요. 여름에도 냉면 인파를 뚫고 국밥 먹으러 오곤 하거든요
국밥!
오로록

돌돌말이 달걀이 든
소고기 장국밥도
좋아하고

육개장도 일품이죠!
달달한 대파가 듬뿍 들어서
좋아요

온면도 맛있을 거 같은데 메뉴를
하나만 골라야 하니까 이래저래 미루다가
아직도 못 먹어 봤네요
아-
따뜻한 국물
생각나네

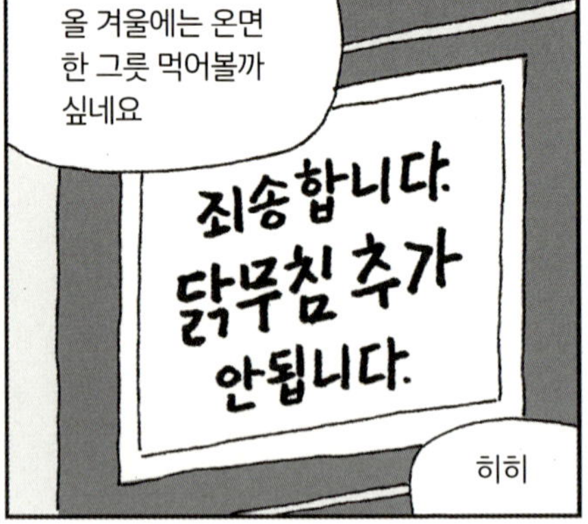

올 겨울에는 온면
한 그릇 먹어볼까
싶네요
죄송합니다.
닭무침 추가
안됩니다.
히히

아- 잘 먹었다
차 한잔 해야죠
좋죠

옛날 생각나네요.
회사 옮기고 나서 거리가
멀어져서 진짜 한동안
못 왔거든요

제가 그때 살던
아파트가 여기서
조금 가면 있어요.
풍전호텔 근처에

한번 가볼까요?
지금요?
뭐 배도 부르고
슬슬 산책도 할 겸
좋죠!

해도 뉘엿뉘엿 지고 있고
선선한 바람도 불고 기분도 좋고~

평래옥

본점 **주소** 서울 중구 마른내로 21-1 **전화** 02-2267-5892 **영업시간** 11:00-22:00 / 15:30-17:00 브레이크 타임

여의도점 **주소** 서울 영등포구 국제금융로2길 24 2층 **전화** 02-780-5006 **영업시간** 11:00-21:30 / 15:00-17:00 브레이크 타임 / 일요일 휴무

1 평래옥 하면 냉면보다도 먼저 떠오르는 닭무침. 한 명이 와도 한 접시, 두 명이 와도 한 접시를 준다. 정 말 더 먹고 싶다면 따로 주문도 가능한 메뉴.

2 내가 좋아하는 장국밥. 대단한 맛은 아니지만 슴슴하 니 참 좋다. 돌돌 말려 있는 달걀부침도 재미나고.

3 여의도 IFC몰 옆 건물에 분점이 있다. 불고기와 냉면 이 같이 나오는 불고기 세트, 만두와 냉면이 나오는 만두 세트 등 점심세트도 준비되어 있다. 당면과 숙 주가 든 점심 불고기는 고기 양이 많진 않지만 달달 하니 맛있다.

4 을지로 골뱅이 골목 근처에 자리하고 있는 평래옥. 간판에는 냉면, 불고기가 커다랗게 씌어 있다.

오늘도 냠냠냠
10화 동교동 김진환 제과점
교환
일기도
있어요

근데 왜 이렇게
작고 얇지?
진짜
교환일기장

만든 사람도 아는 거지. 교환일기라는 게
그리 오래가지 못한다는 것을
풋

와! 이 수첩!
엄청 깜찍해!

뒤에는 뒷모습이!!
이건
진짜
사야
돼!!

이름도 '깜찍한
수첩'이야
꼭 자기 같은 것만
고른다니까
허허

필기구도 없는 게 없구
₩1800
₩1800
₩1500
₩20
₩1500
₩2000
₩2000
₩20

나 그림 그릴 때 쓰는 펜 하나 사야 하는데
아빠두
뭘로 하지?
테스트후 구매바랍니다

한가한 토요일 오전
이렇게 할게요
네, 혹시 회원카드 있으신가요?
아뇨

문구류 마니아인 딸과 함께 문구 쇼핑하러 왔다.
하나 만들래? 니 이름으루?
네!

와! 진짜 카드다!
인생 최초의 실물 마일리지 카드

쿠레
본사 직영점
뒤에 서명도 해야겠네
어떻게요? 영어로?

한글로 하는데 너무 반듯하게 말고
살짝 필기체 느낌으로

근데 못 알아볼
정도는 안 되고
아, 그런
느낌! 알죠!

문구 쇼핑을 마치고 5분쯤 더 걸어
오늘 산책의 진짜 목적지인
멈
멈
춤
춤
STOP

작은 빵집에
도착했다.

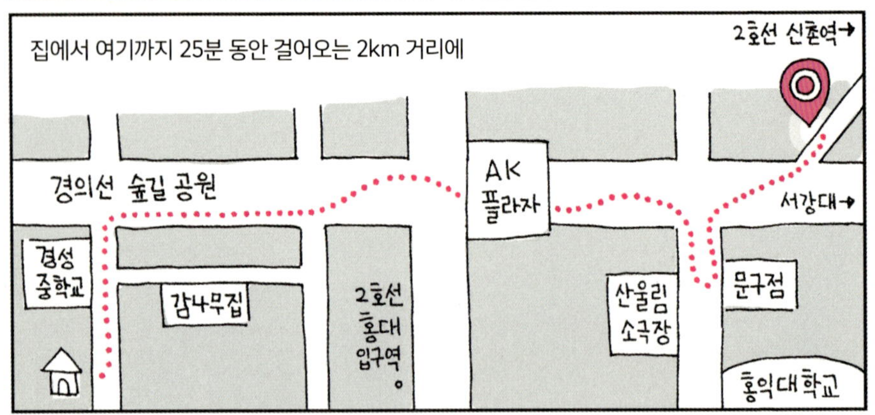

집에서 여기까지 25분 동안 걸어오는 2km 거리에
2호선 신촌역→
경의선 숲길 공원
AK
플라자
서강대→
경성
중학교
감나무집
2호선
홍대
입구역
산울림
소극장
문구점
홍익대학교

10여 개의 크고 작은 빵집을
지나서 이곳까지 오는 이유는
김진환 제과점
325-0

우유식빵   4100원
호두모카빵   3900원
쇼 콜 라   3900원
밤식빵   3700원
모카모닝빵   2800원
아몬드소보로빵 1900원
모카앙금빵   1900원
모카완두빵   1900원
이 빵집의
빵 구성
만큼이나
단순하다.
빵집인데
메뉴판이
있음

빵이 맛있으니까~
뭘로 할까요?

특히 식빵이 말이다.
일단
식빵은
하나
하고

소보로빵도
한 개?
좋네
준영이
좋아하는
쇼콜라?

그리고 엄마 좋아하는
모카빵까지 하나 하면 딱이네

내가 처음 오던 20여 년 전에는
식빵 딱 한 가지만 만들었는데
식빵은 자른 거 드릴까요?
아뇨, 안 자른 걸로 주세요

어느 날 소보로빵이 하나 추가되더니
이젠 종류가 제법 많아졌다.
→ 아몬드 슬라이스

소보로빵 과자 부분이야
원래 다 맛있는 거고,
밑에 빵 부분이 촉촉하니
보드라워야 하잖아
그쵸
바삭
바삭

근데 이 집은 식빵이
전문이니 소보로빵이
맛있을 수밖에
맛있겠다

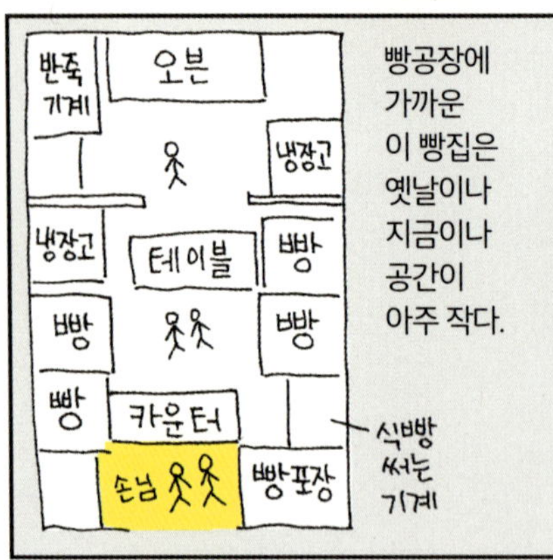

반죽 기계
오븐
냉장고
냉장고
테이블
빵
빵
옷옷
빵
빵
카운터
손님 옷옷
빵포장
→ 식빵 써는 기계
빵공장에 가까운 이 빵집은 옛날이나 지금이나 공간이 아주 작다.

훤히 들여다보이는 뒤쪽에는
김진환 아저씨가 하얀 옷을
입고 혼자서 빵을 만들고 계시다.

식빵 사이로 보일락 말락
왔다 갔다 하시면서 말이다.

이곳의
베스트셀러는
역시 우유식빵

2021.11.5 조경규

따뜻할 때
손으로 뜯어보면
주-욱 늘어나면서
촘촘한 결이 보인다.

예전에 엄마랑 둘이 있을 때
여기 오면 꼭 식빵 2개를 샀어
맛있으니까?

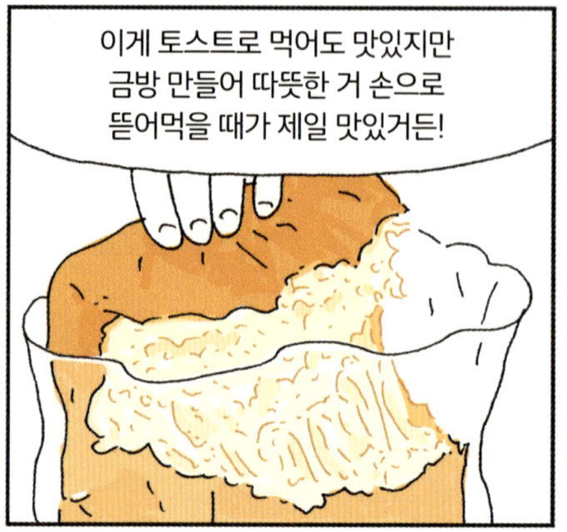

이게 토스트로 먹어도 맛있지만
금방 만들어 따뜻한 거 손으로
뜯어먹을 때가 제일 맛있거든!

보드라운 속살과
구수한 껍질의 대비!

씹으면 씹을수록 고소하고
은은한 단맛이 장난 아니야
이런 게
행복
이지
인생
뭐
별거
있나

집까지 오는 길에 둘이서 조금씩 뜯어먹다가
집에 도착하면 하나가 다 없어져
김진환 제과점
TEL : 325-0378

나머지 하나는 집에 와서 먹고.
그래서 두 봉지 사는 거야
아하!

호두가 콕콕 박힌 모카빵은 식빵처럼 촉촉하니 맛있고

쇼콜라는 초코 카스텔라 같이 보드랍고 폭신폭신해서 맛있다.
호두

밤식빵은 또 말해서 뭐해

직접 말은 건넨 적 없지만
김진환 아저씨를 뵐 때면 드는 생각
조금 뜯어 먹어 볼까?
식빵은 하나밖에 안 샀는데요

부디 건강하게 오래오래
맛있는 빵 만들어주셨으면
좋겠당~!
에이- 뭐.
우리 둘이 걸어왔는데
그 정도는 괜찮지
그럼 아주
조금만?

맛있당
그치?

김진환 제과점

주소 서울 마포구 와우산로32길 41
전화 02-325-0378 **영업시간** 08:00-16:30 / 일요일 휴무

1 하루에도 수십 번 굽는다는 김진환 아저씨의 식빵. 작은 가게 안 여기저기서 식빵들을 식히고 있다.

2 촘촘하고 보드라운 식빵의 속살.

3 커피향이 은은하게 퍼지는 모카빵. 조금 조금 뜯어 먹다보면 어느새 감쪽같이 사라지고 만다.

4 아몬드 슬라이스가 무심한 듯 얹어져 있는 소보로빵.

5 신촌역 골목 어딘가에 자리잡은 빵집. 옛 기찻길을 따라 오면 찾기 쉬운데 신촌역 쪽에서 걸어오면 늘 헷갈린다. 골목길을 걷다가 저 분홍색 간판이 짠- 하고 나타나면 반갑다.

이 만두집에 오면 늘 묻는다.
어떤 만두를 제일 먹고 싶은지

아들은

아내는

딸은

그러면 말이지
그치만 그런 질문이 그리 중요하진 않다.

어차피 골고루 다 먹을 거니까~
군만두 하나랑 찐만두 2개, 물만두 2개 할까?
네

일단 군만두 부터
우와

우리나라 대부분의 중국집 군만두가 실은 기름에 통째로 튀기는 튀김만두인데 비해
엄마두
잘 먹겠습니다

이 집 군만두는 한쪽 면만 팬에 지진 진짜 군만두다.
맛있 겠다

이 집의 1등 인기 메뉴인만큼 맛도 최고.
음-
냠냠

뜨거운 육즙이 흘러내리니
주의할 것.

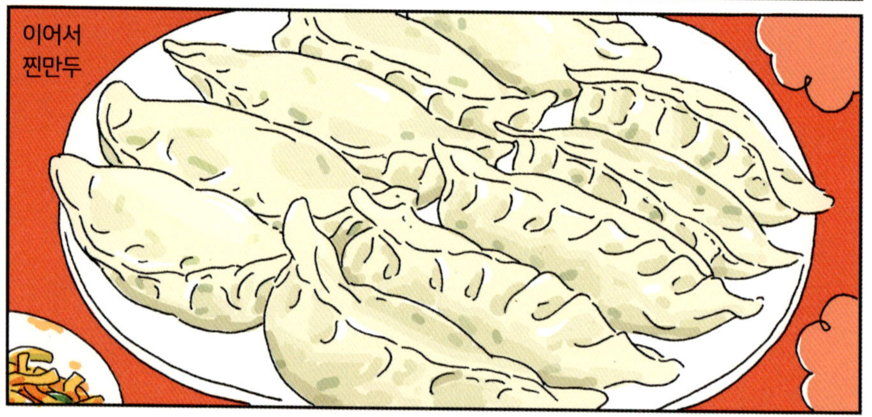

이어서
찐만두

군만두랑 똑같은 만두를
증기로 쪄서

고소한 껍질이 쫀득쫀득~
안경에
김
서린당~

만두 전문점의 미덕이라면 직접 만든 만두피 아닐까?

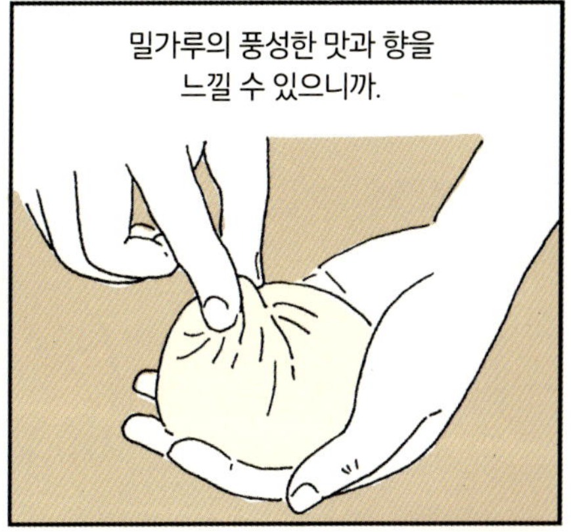

밀가루의 풍성한 맛과 향을 느낄 수 있으니까.

찐빵 같은 고기 만두

4가지 만두 중 순위가 마지막이긴 하지만 이거 안 먹으면 또 섭섭하다구.
요건 뜨거울 때 맨손으로 직접 잡고 온기를 느끼며 먹어야 제맛이야

보드랍고 폭신한 게 참 맛있어.
어흑~

은영이는 이 집 짜사이 무침을
특히 좋아해서
짜사이 더 가져올게요
아,
우리 것도
부탁할게

혼자서 두세 접시는 먹는다.
이게
만두랑
같이
먹으면
딱이라구

직접 조물조물 무친 것이 밥에 물 말아서
같이 먹어도 무지 맛있을 거 같단 말이야.
왔어요
땡
큐

아이들이 갓난아기였을 때는
우리 집 근처 동교동에 있었다.
華商一
五香만두
오향족발
탕수육
고기만두
찐만두
물만두
군만두
華商
五香만두

만두가 맛있고 아이들 먹기에도
순하고 재료도 좋아 온 가족이
다 좋아하는 집이었다.
아
아

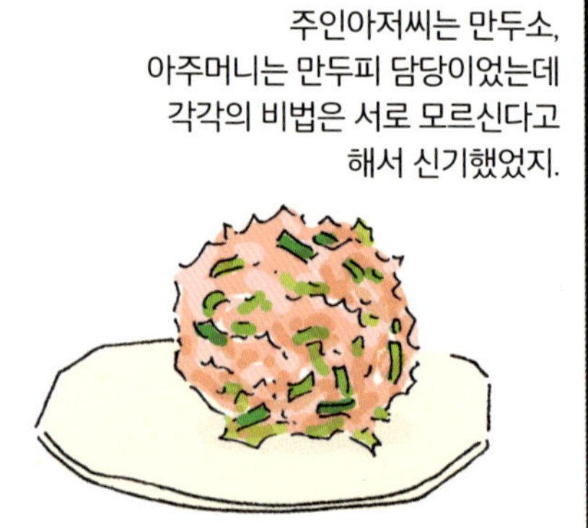

주인아저씨는 만두소,
아주머니는 만두피 담당이었는데
각각의 비법은 서로 모르신다고
해서 신기했었지.

두 분이 오붓하게 스쿠터 타고 출근하는 모습도 집 근처에서 종종 뵐 수 있었고 말야.

그러던 어느 날 가게가 사라졌다.
임대
010-XXX-XXXX
어어어? 임대?

대만으로 돌아가셨다는 둥 아저씨 건강이 안 좋아지셨다는 둥 소문을 어디선가 듣긴 했지만 확인할 방법이 없었다.
아니야아아
여보?

하늘이 무너져 내린다는 게 어떤 기분인지 알겠더군.
여보
여보

그렇게 몇 년이 지난 후 정말 기적 같은 일이 일어났다.
작가님~ 오향만두 다시 오픈했대요
엥? 잘못 봤나?

걸어서 20분 정도 거리인 연희동 사러가 쇼핑 앞에 다시 문을 여신 것이다.
가게 크기도 비슷하고 메뉴도 똑같고 맛도 똑같애!

이 집을 가장 그립게 만든 것은 바로 물만두
조경규 2021. 12. 2.

보들보들 비단결 같은 만두피에

부추와 고기로 채운 큼직한 크기!

이 물만두 없이 우리가 어떻게 살 수 있을까?
호로로록

물만두 하나 더?
좋아요
역시 맛있지?
네

근데 왜 이름이
오향만두지?
만두에 오향이
들어가는 것도
아닌데

오향장육이랑
만두랑 같이 팔아서
그런 거 아냐?
설마 그렇게
단순한 거였어?

장육도 맛있지만 우리는
탕수육을 더 즐겨 먹는다.

달콤한 소스가 부담스럽다면
고기튀김도 괜찮구
역시 손으로 들고 먹으면
온기가 전해져 더 맛있음

그치만 뭔가 더 먹을 배가 남았다면
만두를 더 먹는 것도 좋지!
물만두
나왔어요
우
왕

와, 계속 술술 들어가네

오향만두

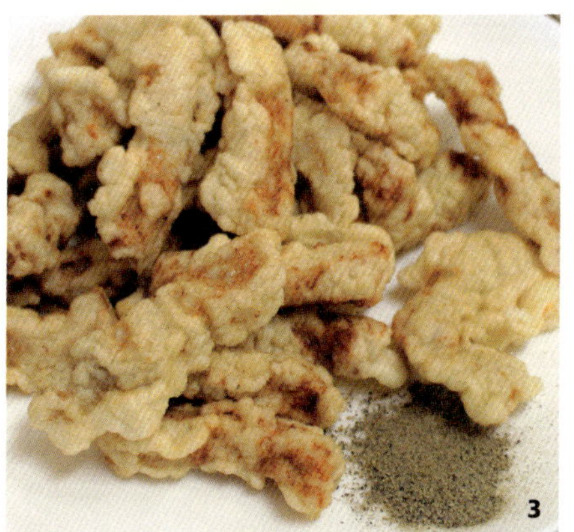

1 사태살로 만든 오향장육. 고기는 쫀득하고 소스도 맛있다.

2 나와 아들이 가장 좋아하는 물만두. 하지만 홀 안에서 주문하는 걸 주의 깊게 들어보면, 대부분의 손님들에게는 군만두, 찐만두에 이어 3등인 듯하다.

3 소스가 얹어진 탕수육도 좋지만, 단순한 고기튀김도 참 좋다. 보슬보슬하게 튀긴 솜씨도 좋고 재료도 좋다.

4 2022년 9월 6일 부로 주인 아주머니와 아저씨는 은퇴하셨다. 그후 어느날 동네에서 강아지 산책시키는 아주머니를 만났다. 그동안 감사했다고 인사드렸더니 오히려 "아저씨 덕분에 많이 고마웠지" 하시더라. 우리는 그저 맛있게 먹은 거밖에 한 게 없는데도 말이다. 오래오래 건강하게 지내시기를! 주인은 바뀌었지만, 가게는 지금도 같은 맛을 내고 있다.

5 밑반찬과 김치 맛이 식당마다 다르듯 짜사이도 집집마다 맛이 다르다. 여러번 가져다 먹는 은영이에게 아주머니가 늘 하시던 말씀이 생각난다. "맛있지? 많이 먹어. 우리가 집에서 먹는 거랑 똑같은 음식을 내놓는거야."

오늘도 냠냠냠
12화 초동 동경우동

제가 첫 직장으로 주간지 인턴 생활했을 때 충무로 쪽으로 종종 왔었거든요

커다란 외장 하드 드라이브 들고 출력소 가서 필름 뽑고 그러던 시절이었죠
인쇄

충무로에 필름 넘기러 간다고 하면 친구들이 "야, 너 영화 일 하니?" 묻고 그랬어요
하긴 예전에는 충무로 하면 영화였으니까

그때가 몇 년 쯤이에요?
1999년에서 2000년 사이요. 대학 졸업하고 사회생활 막 시작 할 때예요

저도 이 동네 인쇄소 한창
다니던 때가 있었어요.
한 2002년부터 2005년까지
코팅·에칭·PP
대국전
5색기
이델

그 전에는 명보극장에 영화 보러
이 사거리에 종종 오고 그랬구요
명보사거리
을지로 3가
Euljiro 3 (Sam)-ga
60
광희사거리
Gwanghui Junction
중구청
Jung District Office
38 충무로 34

그때 저도 여기
우동 집에 몇 번
왔었어요
결혼하고
나서도 나랑
같이 두세 번
왔었지

동 경 우 동

늘 이렇게 줄을 서지만
워낙 회전율이 좋아서 금방
빠질 거예요
오뎅백반
카레라이스
우동
유명한 맛
모밀국수

사람마다 다 메뉴가
비슷한 듯 달라. 저것 봐
어

쌀밥이랑 우동이랑 같이 먹는 사람도 있어
곤약이랑 무 덩어리도 하나 들어 있구

아, 저건 오뎅 백반이에요. 국수 없이 밥이랑 먹는데 명란젓도 하나 나와요
오호

몰랐어요. 오뎅 백반이라…
그러고 보니 밥 먹는 사람도 꽤 있네

예전에 배고픈 날엔 카레랑 우동이랑 세트로 먹기도 했었는데

사실 카레랑 우동이 그리 잘 어울리지는 않지만, 둘 다 먹고 싶은 때가 있잖아요
반스

송은 씨는 주로 뭐 드셨어요?
저는 보통 기본 우동이나 유부우동이요
8 출입구 을지로3가
203 2호선
M
인쇄싱
함·스티커·카다 각종 인쇄 (주)아비커

제가 처음 왔을 때는 우동이 2,000원이었어요
무조건 1,000원
골라잡아 무조건 2,000원
KANU 카누 아메리카노
다이어리

간단하게 혼자 먹기 딱 좋은 집이죠
라고 말하는 이분은 15년 지기 친구이자 동료 송송책방 김송은 대표님

일러스트레이터와 디자이너로 잘 살고 있던 나를 35살의 늦은 나이에 만화가로 데뷔시켰고
내 이름은 팬더댄스
차이니즈 봉봉 클럽
오무라이스 잼잼

오랜 시간 잡지사와 출판사의 편집자로 곁에서 일하다 2017년 작은 출판사를 차려 내 만화책을 내주고 있는 분이다.
세 분 들어오세요
네

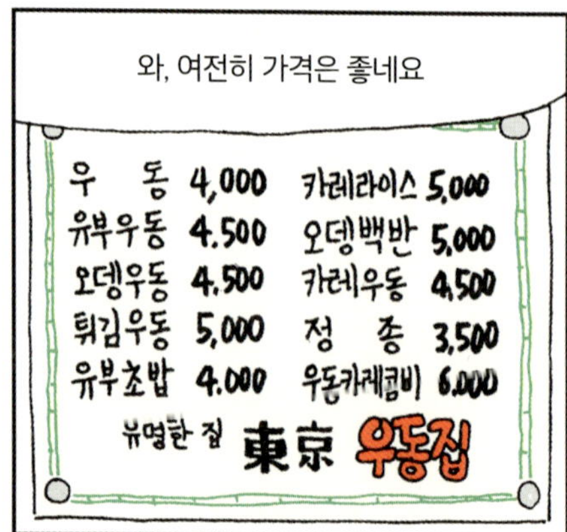

와, 여전히 가격은 좋네요

우   동 4,000   카레라이스 5,000
유부우동 4,500   오뎅백반   5,000
오뎅우동 4,500   카레우동   4,500
튀김우동 5,000   정   종   3,500
유부초밥 4,000   우동카레콤비 6,000
뷰명한 집 東京 우동집

고민된다
고민
저는 유부우동
할게요
나두

튀김우동
× 2

찬바람 부는
겨울날 점심
김이 모락모락
나는 우동
한 그릇씩~

유부우동

조경규 2021.1.12

대단한 맛은 아니지만 유부초밥도 하나 시키고

잘 먹겠습니다아~

호로록

후루룩
후루룩

벌컥벌컥

아- 좋다

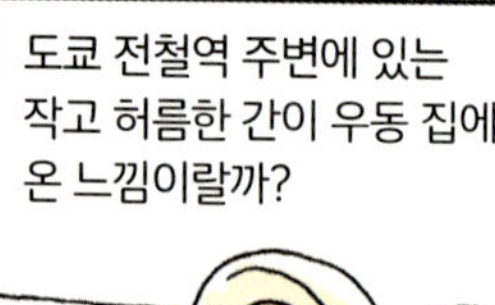

도쿄 전철역 주변에 있는
작고 허름한 간이 우동 집에
온 느낌이랄까?

근데 카레 냄새 나니까
카레도 먹고 싶다
후루루룩
냠냠냠

이건 오이지랑 피클 중간쯤 되는데
맛있어요. 얘도 제가 처음 오던 20년
전부터 있었어요

그리고 저기 스테인리스 컵 있죠?
?

저 컵에 정종을
담고 끓는 물에
담가서 한 잔씩
따뜻하게 데워
주는데요
고급청주
백화
수복

그게 또 우동 국물하고 잘 어울리거든요!
캬—
생각
나네

난 술은 못하지만, 이런 얘길 들으면 괜히 훈훈해진단 말야.

아, 잘 먹었다
엄청 배불러

아, 눈이다!

언제 저하고 둘이 같이 한잔 해요
그래요
어, 춥다~
부르르르

그 전에 오늘은 따스한 커피 한 잔~

동경우동

주소 서울 중구 충무로 48
전화 02-2274-3440 **영업시간** 10:30-21:00 / 일요일 휴무

1 왼쪽에 보이는 큰 사진은 튀김우동. 이 페이지 첫번째 사진이 튀김우동을 한 젓가락 들어올린 모습이다.

2 명란젓과 밥이 같이 나오는 오뎅백반. 커다란 무도 하나 들어 있어 풍성해 보인다.

3 유부가 넉넉하게 들어간 유부우동. 달콤하게 조린 유부가 들어가는 일본의 우동에 비해 우리나라 우동에는 고소하게 튀긴 유부를 그대로 사용한다. 유부 외에도 어묵과 튀김가루, 게맛살 등이 들어가 있다.

4 가게 내부는 좁다. 4인 테이블 2개를 빼면 모두 혼자 먹을 수 있는 바 형태의 자리로 되어 있다.

5 을지로3가역 8번 출구로 나오면 바로 옆에 있다. 이 동네에 일이 있을 때 지나가면 동경우동이 그 자리에 잘 있는지 보게 된다. 자주 가진 못하더라도 좋아하는 식당이 늘 그 자리에 있다는 건 참 고마운 일이다.

오늘도 냠냠냠
13화 행촌동 대성집
아, 이런

리바운드!!

앗싸

왜 무릎 아파?
아뇨, 준비 운동이
부족했나 봐요

도가니탕 한 그릇
먹여야겠는데, 우리 아들

준영이 도가니탕 좋아하나?
도가니가 뭐죠?

그 왜 있잖아. 하얗고 물렁물렁한 거. 물렁뼈처럼
아, 그거 맛있죠
근데 왜요?
자-시작합니다

눈에는 눈
이에는 이

무릎에는 도가니거든
그런 거였어요?

그게 또 국물이 진국이라구. 국물이 하도 진해서 입술이 쩍쩍 달라붙을 정도야
네?
스텝백!

국물이 진해서 먹다 보면 입술 위아래가 끈적끈적해서 막 달라붙는다구
철-렁

말이 안 돼
잖아요!
풀도 아니고
국물 때문에
어떻게 입술이
붙어요?
3점
성공!!

어? 모르나? 좋은 뷔페에 가면
종종 도가니탕이 있는데
오픈하고 바로 먹으면 안 되고
거의 마지막에 먹는 거야
도가니탕
매생이

가령 11시 반에 오픈한다고 하면
한 1시 반쯤 디저트 직전에 마무리로
한 그릇 먹는 거지. 잘 저어서 밑에
있는 건더기도 두어 개 담고
찰랑~ 찰랑~

오랫동안 계속 데워지면서
국물이 더 진해져 진짜 제대로 된
도가니탕을 먹을 수 있단 말야.
와-
진하다!
입술이
막 붙을
정도야
후룩
아,
뜨거

에이-
거짓말!
진짜라니까!

대성집 한번
데려가야겠네
대성집이
어딘데요?

도가니탕 집. 메뉴가 도가니탕이랑 해장국 딱 2가지야
오
욱슛!

일요일엔 닫으니까 토요일 점심으로 한번 가자
멀어요?

아빠가 중학생 때 할아버지랑 몇 번 갔었는데 그땐 가정집을 개조해서 꼭 미로 같은 구조였어
원조 도가니탕 대성집
도가니탕·해장국 전문
원조 대성집 도가니탕
도가니탕

몇 년 전에 동네가 재개발돼서 지금은 근처 독립문 옆으로 이사했는데
독립문

도가니탕 먹으러 온 사람들로 언제나 가득해.
도가니탕·해장국 60年 원조 대

도가니탕 2그릇 주세요
특으루
하나는 파 빼구요
네

60년이 넘도록 도가니탕을
만들어 온 집이니
불조심
깨끗이
합시다

맛이 없으면 오히려 이상하겠지.

김이 무럭무럭 나는
도가니탕을
한 그릇씩 받아 들고
마늘
고추장
장아찌
조경규,
2022.1

소금 한 숟가락 넣고
휘휘 저어

일단 국물부터

스
흡

그 다음은 도가니 하나 건져서

냠냠냠
음- 쫀득쫀득한 게
맛있다. 그치?
네

이게 도가니
예요?
아빠도 잘
몰라. 뭐가
도가니고
스지고
힘줄인지

부위는
잘 몰라도
하나같이 다
맛있다는 건
알고 있지
헤헤

후루룩
냠냠

이거 먹고 나면
무릎이 훨씬 더
부드러워질 거야
아!
근데 국물이 입에
쩍쩍 달라붙는
다면서요

어때?
아빤 좀 붙는데, 응?
음-
빠!

음-
빠!
30
30

조금 붙는 것도 같고
그치?
30

근데 솔직히 예전 기억만큼
국물이 진하지는 않네

오픈 시간 맞춰 너무 일찍 왔나?
느지막이 저녁에 오면 국물이 더 진하려나?
도가니탕   13,000
탕) 17,000
수   육   30,000
서어비스표등록증

그렇다고 늦게 올 수도 없다구.
건너편 시장에 꽈배기 집에서 후식으로
꽈배기 먹어야 하는데

다 팔리면 문을 닫거든.
토요일엔 점심 지나면
거의 다 팔려
그렇게
맛있어요?

그건 약 5분 후 니가 직접
먹어보면 알게 되겠지
그럼
빨리 가요!
문 닫기
전에!

5분 후
아주
쫄깃
하구만

대성집

주소 서울 종로구 사직로 5
전화 02-735-4259 **영업시간** 10:30-20:00 / 14:00-17:00 브레이크 타임 / 일요일 휴무

1 뽀오얀 국물 안에 건더기가 숨어 있다. 도가니탕은 건더기 양에 따라 보통과 특 두 가지가 있다.

2 하얀 쌀밥을 말면 국물은 더 뽀얘진다. 건더기를 건져서 수육처럼 간장에 찍어 먹어도 좋고, 밥이랑 같이 먹어도 맛있다.

3 도가니탕 외에 해장국을 먹는 분들도 더러 있다. 선지, 우거지, 콩나물이 들어간 구수한 맛이다.

4 가게 앞에 주차할 자리가 조금 있지만 빈 자리가 늘 있는 건 아니다.

아이들이 학교에 가면 우리 부부는
점심을 뭘로 먹을지 고민한다.

오늘은 회냉면이 생각나서
오장동으로 향했다.

추운 겨울날 웬 냉면이냐고요?

겨울 냉면집은 한가하고
여유 있어 참 좋답니다.

수원에서 병원 때문에 서울로
1년에 몇 번 오셨는데, 나도
엄마랑 같이 따라가곤 했었거든

나 좋아하는 롯데리아 새우버거를
사주시는 날도 있었고

대부분은 오장동에 회냉면 먹으러
다 같이 오곤 했어. 여기 주인
할머니랑 우리 할머니랑 친하셔서
얘기도 나누고 그러셨거든

난 그땐 매워서 잘 못 먹었지만
나중에 대학생이 돼서는 그 맛이
생각나 일부러 찾아오기도 했었어

나도 초등학교 때부터 이 동네에 왔었다.
아버지는 사람 많은 집을 피해 3곳의
냉면집 중 신창면옥엘 데려가 주셨다.
(아쉽게도 몇 년 전 문을 닫았다)

요즘 우리 부부는 회냉면 생각나면 고민할 거
없이, 아내의 추억이 깃든 흥남집으로 온다.

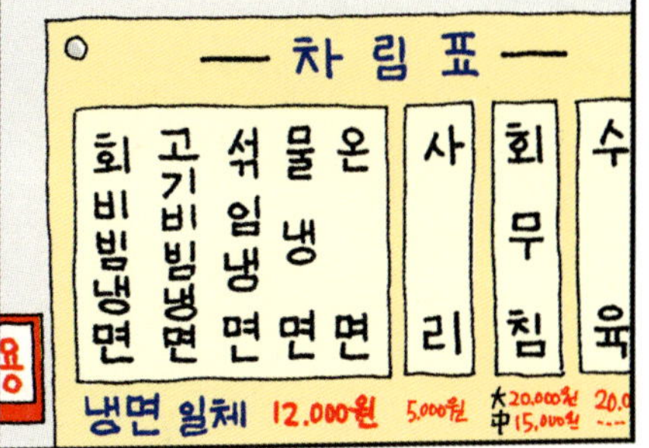

창 밖을 내다보며
뜨거운 고깃 국물
한 잔 마시고 있노라면

참기름 좀 넣고
쪼로록
난 참기름
엑스트라로
많이~~
참기름
대장

설탕 한 숟가락에 식초도 조금

나는 무채를 좋아해서 사리를 추가하는
대신 공짜로 무채 하나 더 받아 비비면 딱!
(오이는 빼고)

쓱쓱 싹싹
골고루 비벼서

고구마 전분으로 만든 쫄깃한 면은
가위로 자르지 않고
한 입 크게
우적우적

오독오독 꼬들꼬들 맛있는
간재미회도 많이
들어 있고
호로로록

잘 먹겠습니다~

평양냉면이 간결한 현악 4중주라면
함흥냉면은 갖은양념이 어우러진
40인조 오케스트라 같다.

2008년 여름부터 3년 동안 베이징에 머물고 있었을 때, 한국 음식이 그리워질 때면 우리 부부는 중국인이 하는 한국식당이나 북한에서 운영하는 북한 식당엘 가곤 했다.

평양 옥류관의 첫번째 해외 분점인 베이징점을 가기도 하고

북한 대사관 근처에 있는 해당화에도 여러 번 갔다.

특히 모든 료리사들이 고려호텔과 양각도 국제호텔 출신이라는 해당화는 각별히 더 맛있었다.

메뉴의 스펙트럼이 워낙 넓어 매번 갈 때마다 다른 걸 먹어도 끝이 없었다.

아내와 내가 특히 좋아했던 것은 쩡하고 시원한 이북식 통김치. (사다가 집에서 먹기도 했었다)

물론 평양냉면도 좋아했다.

양념장=파+마늘+
고춧가루+소금+참기름+
간장+참깨

감자녹말6 :
메밀4+식소다

육수+동치미+간장

미끌미끌 칡냉면 같은 면발에 새콤 달콤
매콤한 양념 국물은 서울의 슴슴한
평양냉면과는 너무나 달랐지만

다섯 그릇쯤 먹었을 때부터 그 맛에
빠져들어 진심으로 즐길 수 있게 되었다.

호 록 호 록

먹다
보면
입가가
빨갛게
된다

회랭면은 한 번 먹어봤는데

딱 상상할 수 있는 친숙한 맛이었다.

홍어회

냉면
육수

감자전분으로
만들어 하얗다
못해 투명했다

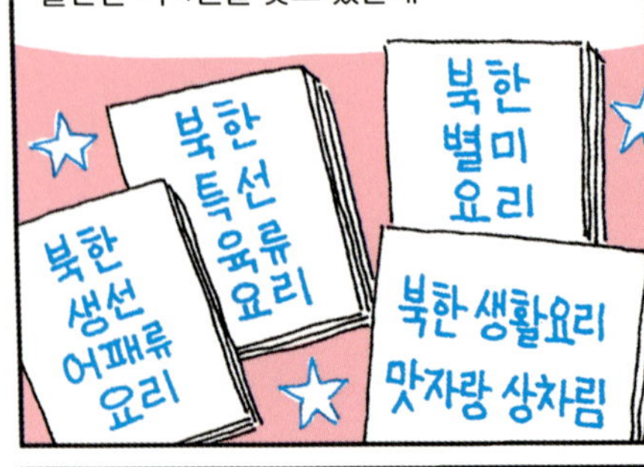

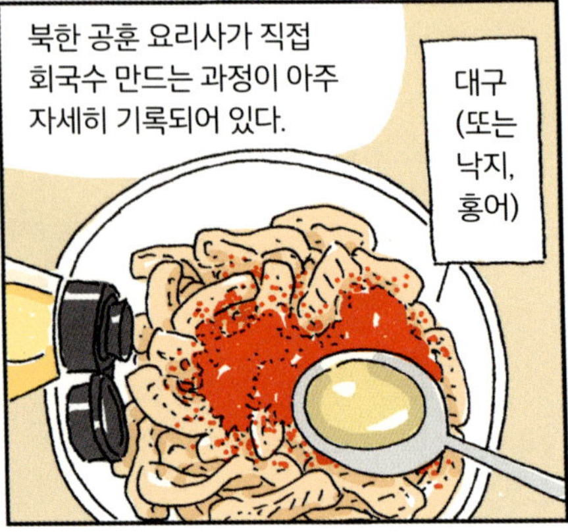

그런가 하면 1991년 귀순해 우리나라에
냉면집 모란각을 열기도 했던
김용 아저씨의 요리책엔 이런 구절이 나온다.

생태나 동태보다는 꼬들꼬들하게
말린 코다리를 이용해야 맛있어요.
식초에 절인 다음 물기를 꼭 짜야
물이 생기지 않고 양념이 쏙쏙 배요

냉면이랑도 먹고 밥반찬
으로도 그만이라던데~

코다리 냉면 얘기
하니까 속초 함흥
냉면집 생각난다
속초
맛있지

홍합 넣고 끓인
섭국도 맛있고
시장에서 파는
새우튀김도 먹고
단팥빵 잘하는
빵집도
있었는데

애들이 아바이 순대를
이제 좀 먹을 수 있으려나?
당면 순대만 먹어서
지난번에
순댓국집에서
순대도 잘
먹었잖아

애들 데리고
언제 속초 한번
가야겠네
회냉면도
한 그릇 먹고~
맛있
겠당~

오장동 흥남집

1 흥남집에는 올라가는 고명에 따라 3가지 비빔냉면이 있다. 대표 메뉴는 회냉면이지만, 회를 좋아하지 않는 사람은 소고기 편육이 올라간 고기냉면을 먹으면 된다. 식탁에는 식초, 겨자, 참기름, 설탕, 그리고 추가 양념장이 있으니 취향대로 넣어 먹자.

2 회도 먹고 고기도 먹고 싶은 사람은 둘 다 올려진 섞임냉면. 내가 주로 이 경우에 속한다.

3 김이 모락모락 나는 고소한 고기 국물. 찬 바람이 부는 겨울에 딱이다.

4 1953년부터 오장동 거리를 지키고 있는 본점. 몇 년 전부터 분점들이 여기저기 생겼다. 스타필드 고양점은 집에서 가까워 종종 찾게 된다. 나의 입맛으로는 본점과 맛이 똑같다.

오늘도 냠냠냠
15화 장충동 평양면옥
자. 뭘로들 할래?

아빠는요?
아빠는 냉면
준영이는?

저는 만둣국이요
엄마는 냉면
넌?
뭘로 하지?

만둣국 해서 아빠 만두 하나 줄래?
네, 좋아요!

음… 편육도 하나 할까?
메밀 면수

돼지고기로!

그리하여 맛있는 제육에
우왓!
반 접시 →

새우젓 올려 냠냠냠

이게 뜨거울 때도 부드럽고 맛있지만 식으면 더 진하고 맛있어지잖아요
옳지!

음~
나두 알지!
살살 녹는 구만

이 집 냉면은 내가 세상에서
가장 좋아하는 냉면 중 하나로

나는 식초를 넣는 대신
무김치를 넣어 새콤함을
더하고

겨자 대신 고춧가루를
넣는 걸 좋아한다.

솔
솔
솔

물처럼 맑으면서도
심심하지 않은 육수에

구수하고 부드러운 메밀국수의 조합!
자, 조금 맛 보시고
와!

준영이는 돼지고기 편육 좋아하니까
꿀꺽

우선 사발째 들고 육수를 서너 모금 마시고
쭈ㅡㅡㅡ욱

하
아

제육 두 조각 냉면 속에 넣어 식혀두고, 어?
만둣국이다!

냉면도 냉면이지만
오늘 소개하고 싶은
메뉴는 이 만둣국이다.

조경규 2022.1

아빠 하나 드세요
아, 땡큐

이 집은 내 평생 부모님과 가장
많이 왔던 식당 세 곳 중 하나다.

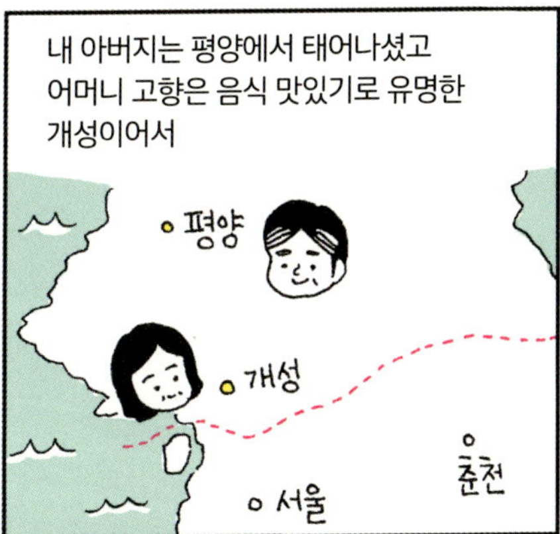
내 아버지는 평양에서 태어나셨고
어머니 고향은 음식 맛있기로 유명한
개성이어서
평양
개성
서울
춘천

우리 집은 새해에
온 가족이 둘러 앉아 커다란
만두를 빚어 떡만둣국을 먹는다.
돼지고기
+
두부
+
숙주
+
애호박
+
당면
+
파

나도 지난 40여 년 동안 매년 -물론 올해도-
온 가족과 함께 만두를 만들었다.

이 집 만두는 우리 집 만두랑 속재료의
구성이 아주 비슷해 맛이 거의 똑같다.
집에서는
이렇게 둥글게
만들어요

그래서 만둣국이 생각나면 여기로 온다.
커다란 만두가 6개 들어 있어 다 먹으면
어른도 배가
꽉 차는데

만두 대장인 아들은 어렸을 때부터
한 그릇을 혼자서 다 먹었다.
아
하

반으로 가른 만두에
간장을 조금 넣고

국물도 두어 숟가락 넣어
촉촉하게 만든 다음

냠냠냠

맛있어?

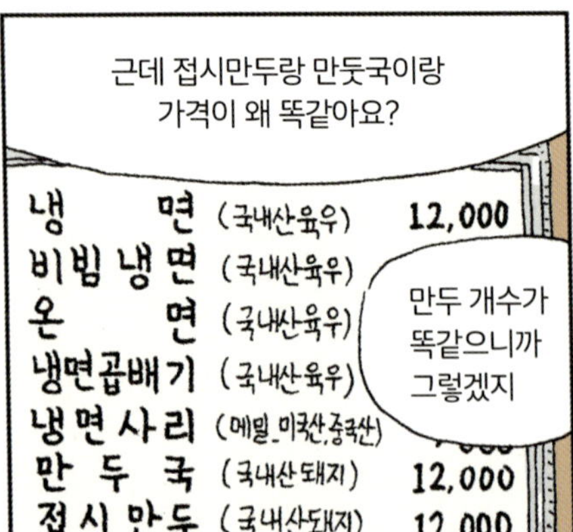

근데 접시만두랑 만둣국이랑
가격이 왜 똑같아요?
냉 면 (국내산육우) 12,000
비빔냉면 (국내산육우)
온 면 (국내산육우)
냉면곱배기 (국내산육우)
냉 면 사 리 (메밀_미국산,중국산)
만 두 국 (국내산돼지) 12,000
접 시 만 두 (국내산돼지) 12,000
만두 개수가
똑같으니까
그렇겠지

만둣국은 국물이랑 고기도
더 들어가잖아요
그치
진짜

만둣국 주문해서 만두 건지면 접시만두 되는 건데
똑똑한 녀석 같으니라구
맞네

마무리로 국물에 밥까지 말아 먹으면 만둣국 한 그릇을 제대로 먹은 셈이다
만두 하나 남겨서 밥이랑 같이 부숴 먹는게 우리 집 3대째 전통

그리고 마지막에 먹으려고 남겨둔
돼지고기 편육을 디저트로~

요 옆에 태극당 가서 후식 하나씩 먹을까?
좋아요!
평양면옥

그렇다면 태극당 갈 때까지 돼지고기 비계를 사탕처럼 살살 녹여 먹어야겠군. 후후후
후 후 후

그걸 아직도 먹고 있다고??
씨-익
태극당

평양면옥

주소 서울 중구 장충단로 207
전화 02-2267-7784 **영업시간** 11:00-21:30 / 연중무휴

1 돼지고기 편육 반접시. 따뜻하게 나와 부드럽다. 쫀 득쫀득 차갑게 먹고 싶으면 냉면 육수에 담가 두면 된다. 투명하던 지방이 하얗게 굳고 육수에 기름이 동동 뜬다. 아들이 특히 좋아하는 맛이다.

2 이토록 맑고 깨끗한 육수라니!

3 아버지는 이 집에 오시면 뜨거운 메밀 면수에 간 장을 조금 넣어 드신다. 나랑 내 아들도 자연스레 따라하고 있다.

4 오이 빼고, 무 더 넣고, 고춧가루 솔솔 넣은 나의 냉면.

오늘도 냠냠냠
16화 화곡동 전주뼈해장국
전주 뼈해장국 감자탕
원조 뼈해장국 전문
포장해드립니다
차가운 공기에 새파란 하늘,
겨울 어느 날 이른 점심시간
오늘의 메뉴는
박력 만점
뼈해장국
잘 먹겠습니다~~
조경규 2022.1

하나 더
시킬까?
라고 말씀하시는
분은 나의 아버지.
포장해 드립

뼈 하나씩 더
나눠 먹을까?
괜찮을 거
같은데요

와! 오늘은 몽둥이 뼈에
뭐가 많이 붙어 있네
후후후
라고
얘기하는
나의 형.

이 기름진 부분들
말하는 거지?
그치

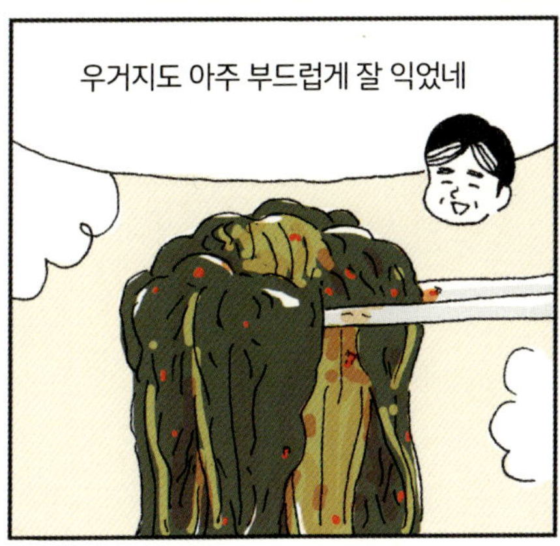
우거지도 아주 부드럽게 잘 익었네

종종 질긴 날도 있거든
올 때마다
조금씩
다르죠

뼈에 살이 많고 고기가 부드럽게
잘 빠지는 날이 있는가 하면

좀 덜한 날도 있고
뭐야? 형 뼈에는
고기가 더 많잖아
냠냠냠

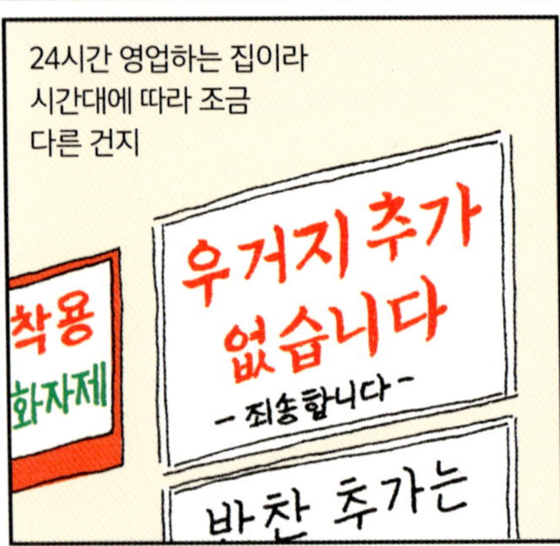
24시간 영업하는 집이라
시간대에 따라 조금
다른 건지
우거지 추가
없습니다
- 죄송합니다 -
착용
화자제
반찬 추가는

확실히 그날의 운도 좀
따르는 거 같다

아버지와 우리 두 아들은 두어 달에
한 번씩 만나 점심을 같이 먹는다.

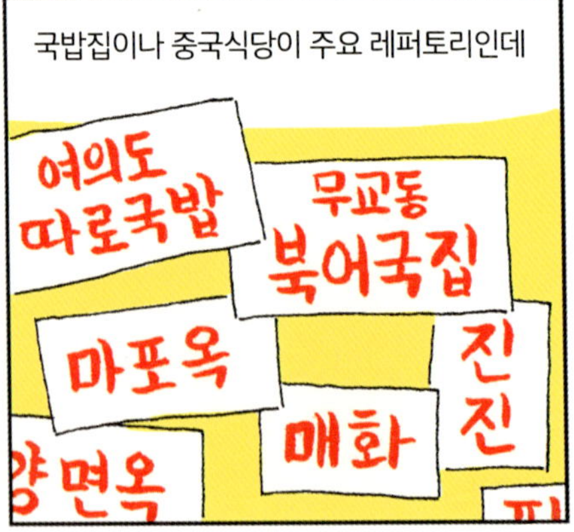
국밥집이나 중국식당이 주요 레퍼토리인데
여의도
따로국밥
무교동
북어국집
마포옥
진진
매화
양 면옥

오늘은 날씨도 쌀쌀하고 해서 이곳으로 오게 되었다.
감자탕 大
43,000
감자탕 中
37,000
뼈해장국
9,000
우거지해장국
9,000
볶음밥
2,000
공기밥
1,000

이 집도 80년대 후반부터 오고 있으니 어느새 30년이 넘었다.

형네 막내딸 현주는 지금 초등학교 5학년인데도
저는 2인분 먹을 수 있어요!
또 띠

저희 애들도 다들 좋아해요
매울 텐데 준영이도 이제 잘 먹어?
엄청 좋아하죠

이따 갈 때 내가 포장해 줄 테니까 가지고 가
네

요즘이야 배달이나 포장이 일반적이고 체계화되어 있지만

내가 중학생이던 그 옛날에는 큰 냄비를 들고 가서 포장해오곤 했다.
우와! 뜨거!
잘 좀 들어!

한창 때는 형이랑 둘이서 열흘에 한 번 꼴로 먹으러 오기도 했었구 말야.
밤 열시에 야식 으로~
신난다

그땐 메뉴에 술국이라는 게 있었다. 밥은 안 주는 대신 뼈다귀가 몇 개 더 들어간 것으로
좀 과장해서 이런 느낌

술국에 밥 한 공기 시켜서 먹으면 천국이 따로 없었다.
어흐, 배불러

등뼈도 물론 좋아 하지 만
이 집의 특징은 이 몽둥이 같이 생긴 사골뼈다.
두-둥

뼈 안에 든 고소한 골은
진미 중의 진미

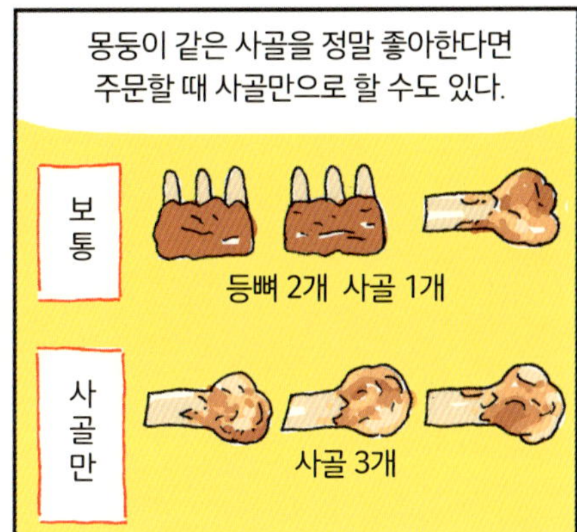

몽둥이 같은 사골을 정말 좋아한다면
주문할 때 사골만으로 할 수도 있다.
보통
등뼈 2개 사골 1개
사골만
사골 3개

어? 아버지는 우거지부터 다 드시고
고기 드시는 거예요?
응

나는 우거지 다 먹고 고기 다 발라
먹고 국물에 밥 말아서 먹지
1
2

나랑 형은 고기를 적당히
발라 먹으면서

국 안에 고기를 넉넉하게 저축해 둔다.

휴- 드디어 발골 작업이 다 끝났다
나두

손 깨끗하게 씻고
여기 국물 조금만 더 주세요

밥 넣고
영차-

뜨거운 국물을 추가로 넣으면
따끈
따끈

흥미진진한 후반전이 시작된다.
먹어볼까나?

국물에 우거지도 조금 딸려왔어 ㅎㅎ
대박이다

후루룩
냠냠냠

이 가격에 이 정도 맛과 양이면 만족감은 200%
아- 잘 먹었다
오늘따라 유난히 더 맛있는 거 같네
헤헤

오늘은 확실히 운이 좋은 날인 거 같다.
전주 뼈해장
포장 주문 하신 거 나왔어요

묵직하다
우린 3인분이야

전주감자탕뼈해장국

주소 서울 강서구 강서로5길 10
전화 02-2602-4189 **영업시간** 영업시간 24시간 / 연중 휴무

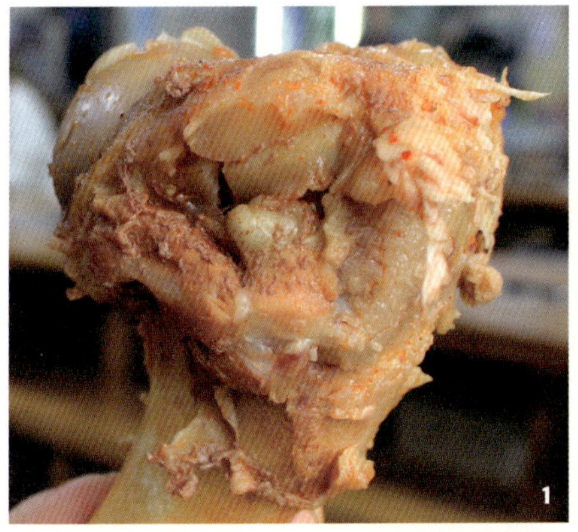

1 이것이 바로 이 집의 시그니처 사골뼈. 무릎 관절이 아닌가 싶다. 보통 사골이 1개씩 들어 있지만, 사골을 원치 않는다면 등뼈로만 주문할 수도 있다.

2 사골뼈 안에 든 골.

3 요건 사골 3개로만 이루어진 뼈해장국. 3명이 가서 사골로만 하나 더 추가하면, 1인당 2개의 사골과 2개의 등뼈를 먹을 수 있다.

4 고기가 어느 정도 정리가 되었다면 밥을 말 시간.

5 지하철 5호선 까치산역에서 걸어서 5분 거리. 워낙 간판들이 현란한 거리라 이렇게 샛노랑색인데도 간판이 잘 안 보일 수 있다.

오늘도 냠냠냠
17화 한강로 오설록티하우스

저는 삼다연으로 할게요
삼다연
Samdayeon

전 그럼 세작으로
네

여기는 신용산역 앞
아모레 본사 1층에 있는 오설록 1979
오설록 1979
오설록

제주의 추억을 담은 애프터눈 티 세트가
있다 하여 아내와 둘이 들렀다.
아- 차
맛있다
호로록

티세트 나왔습니다
와

제주 기정떡 샌드위치
콘치즈 기정떡
부추 크림 기정떡

우선 짭짤한 핑거푸드부터
브리
치즈
비프
파스트
라미
루콜라
오리엔탈 드레싱

빵이 아니고
떡으로 만들었는데
잘 어울리네
그러게. 떡이라고
하길래 묵직할
줄 알았는데
아주 가벼워

통밀 크래커+아보카도 딥
4색
크림
타르트
깻잎 페스토 슈
청포도 + 무지개
토마토

아보카도랑 살라미인가?
찍어 먹으니까 재밌네

깻잎 페스토 크림?
우와-
이건 좀 독특하다

벚꽃 생크림 케이크
감귤 봉봉 쇼콜라
동백꽃 타르트
블루베리 무스+
배 바바루아즈 크림

음-
체리 크림 케이크도 살살 녹고 맛있어

감귤 모양 초콜릿 안엔
차가운 즙이 막 터지구!

인절미, 경단, 다식, 약과 4가지 차 과자 세트에는
반전의 재미가 숨어 있다는데, 과연?

어? 이건 모양은 인절미인데
콩고물을 묻힌 마시멜로야
진
짜

이건 약과가
아니고 캐러멜을
입힌 땅콩쿠키고
얘도 모양만
다식이고
녹차 초콜릿인데

하나하나 신경
많이 썼네
그
치?

근데
단 게
좀 많다
짭짤하고
고소한 것들이
조금 더 많았
으면 좋을 거
같긴 한데
나
단거
무지
좋아하
는데도
그런가?

서울 시내 빌딩 속에 위치해 전망은 전혀 없지만
차 좀 더 드시지요
좋지요!

제주 녹차를 마시고 있노라니
호 로 록

지난번 제주 여행 때 들렀던 녹차밭이 눈에 보이는 거 같애!

오설록 제주 티 뮤지엄에 들러
OSULLOC
TEA MUSEUM
오설록

오래 기다렸지?
엄마,
여기요!

아내랑 나는 차 한잔
제주 화산
암차 →

녹차 →
아이스크림
아이들은
녹차 오프레도
하나씩에
녹차
쉐이크

케이크도 2개
나눠 먹고
↑ 그린티
롤케이크
한라산
녹차
케이크

사람은 많았지만 잠시 쉬어가며
즐겼던 그 시간이 참 좋았다.
오셜록이
아니고 오설록
오설록
아니에요?

야, 무슨 셜록
홈즈냐?
설록이
그럼
뭐야?
깔
깔
깔

서울에서 그전에도 몇몇 오설록 지점을
다녔었지만 제주에 다녀온 후로 더 반갑더라.

아,
저기도
오설록이
있네

저기서
후식
할까?

걷다가 오설록이 보이면 들어가

오설록

통유리로 된 2층 창가에 앉아
오가는 사람을 보면서

커다란 잔에 넉넉하게 담아주는
녹차라테 한잔 하면
시간이 멈춘 듯 아주 좋다.

호록

호로록

커피보다는 차를 좋아하는 1인으로서

이런 든든한 차 브랜드가
우리나라에 있다는 게
그냥 기분 좋다.

단순히 전통에 머무르지 않고 시도하는
새로운 메뉴들도 참신하고 귀엽고

가만히 보니까 차 안 마시고 간단하게
아이스크림 하나 후식으로 먹는
사람들도 많네
오
호

다음엔 우리도
그렇게 해보자!
OSULL

오설록티하우스 1979점

1 녹차라떼와 한라산녹차케이크. 초코브라우니와 녹차치즈케이크가 사이사이에 들어가 있어 다채롭고 묵직한 맛을 선사한다. 제주의 현무암과 녹차밭을 형상화한 것이라 하더라.

2 녹차오프레도와 그린티 롤케이크.

3 어린 찻잎으로 만들어 색이 예쁘고 맛이 순한 세작.

4 천장이 높고 공간이 넓은 1979점 내부

5 아모레 본사 로비 전경.

오늘도 냠냠냠 1

ⓒ 조경규 2023

1판 1쇄 발행 2023년 1월 23일

지은이 조경규
사진 방현선

펴낸이 김송은
편집 김여름
디자인 송윤형
펴낸곳 송송책방
등록 2011년 5월 23일 제2018-000243호
주소 06317 서울시 강남구 언주로110 경남2차상가 203호
전화 070-4204-7572
팩스 02-6935-1910
전자우편 songsongbooks@gmail.com

ISBN 979-11-90569-51-4 17910